Plutarch · Alexander

Plutarch

Alexander

Übersetzt und herausgegeben
von Marion Giebel

Reclam

RECLAMS UNIVERSAL-BIBLIOTHEK Nr. 19261

Gesamtherstellung: Reclam, Ditzingen. Printed in Germany 2014
RECLAM, UNIVERSAL-BIBLIOTHEK und
RECLAMS UNIVERSAL-BIBLIOTHEK sind eingetragene Marken
der Philipp Reclam jun. GmbH & Co. KG, Stuttgart
ISBN 978-3-15-019261-0

www.reclam.de

Alexander

1. Das Leben des Königs Alexander [...] möchte ich in diesem Buch darstellen, und wegen der Fülle des vorliegenden Materials will ich nichts weiter vorausschicken als die Bitte an meine Leser, es mir nicht übelzunehmen, wenn ich die Ruhmestaten nicht sämtlich eine nach der anderen ausführlich darstelle, sondern das meiste nur kurz streife. Denn ich bin nicht Geschichtsschreiber, sondern Biograph, und es sind durchaus nicht immer die großen Heldentaten, in denen sich die Tüchtigkeit oder die Verworfenheit offenbart. Oft sagt ein unbedeutender Vorfall, ein Ausspruch oder ein Scherz mehr über den Charakter eines Menschen aus als die blutigsten Schlachten, die größten Heeresaufgebote und die Belagerungen von Städten.
Die Porträtmaler suchen die Ähnlichkeit aus dem Gesicht und den Zügen um die Augen zu gewinnen, in denen sich der Charakter darstellt, und schenken den übrigen Körperteilen weniger Aufmerksamkeit. In entsprechender Weise muß man es auch mir gestatten, daß ich mich mehr mit den kennzeichnenden seelischen Zügen befasse und daraus das Lebensbild eines jeden zeichne. Die großen Heldentaten und die Schlachten aber überlasse ich anderen.
2. Alexander stammte väterlicherseits durch Karanos von Herakles ab, mütterlicherseits durch Neoptolemos von Aiakos[1], dies gilt als sicher bezeugt. Philipp, so wird erzählt, wurde mit Olympias zusammen in Samothrake in die Mysterien eingeweiht. Er war selber noch ein sehr junger Mann und sie noch ein Kind, eine Waise. Dort habe ihn die Liebe zu ihr erfaßt, und er habe sich mit ihr verlobt, indem er ihren Bruder Arybbas[2] für sich gewann. Als Braut hatte sie nun in der Nacht, bevor sie im Brautgemach zusammengegeben wurden, ei-

nen Traum. Es war ihr, als donnere es, und ein Blitz schlüge in ihren Leib. Von dem Schlag entzündete sich ein heftiges Feuer, das in hellen Flammen aufloderte, nach allen Seiten hin um sich griff und dann verlöschte. Philipp aber träumte einige Zeit später nach der Hochzeit, er drücke ein Siegel auf den Leib seiner Frau, und auf diesem Siegel, so schien es ihm, sei ein Löwe abgebildet. Die Wahrsager äußerten alle ihre Bedenken wegen dieses Traumes: Philipp müsse sorgfältiger über seine Frau wachen, meinten sie; nur Aristandros von Telmessos erklärte, Philipps Frau sei schwanger, denn was leer sei, werde ja nicht versiegelt. Und zwar sei sie schwanger mit einem Knaben von leidenschaftlicher, löwenhaft kühner Art. Philipp sah auch einmal, während Olympias schlief, wie eine Schlange sich neben ihr ausstreckte, und dies, so sagt man, kühlte seine Liebe und Zuneigung zu ihr ab, so daß er nicht mehr so oft zu ihr ging, um bei ihr zu ruhen. Vielleicht fürchtete er Hexenkünste oder Gifttränke von seiten der Frau, vielleicht scheute er aber auch den Verkehr mit ihr, weil er annahm, sie stehe mit einem höheren Wesen in Verbindung. Es gibt jedoch noch eine andere Erklärung dafür. Denn alle Frauen in diesem Lande sind Anhängerinnen des orphischen Kultes und der dionysischen Mysterien, und zwar schon von alters her. Sie werden Klodonen und Mimallonen genannt und üben viele Bräuche aus, die denen der Edoninnen und der Thrakerinnen am Berge Haimon ähnlich sind. Daher stammt wohl auch das Wort »thrakische Bräuche üben«[3] für das Begehen wilder und ekstatischer Feiern. Olympias aber war noch mehr als andere eine eifrige Anhängerin dieser Mysterien und gab sich der religiösen Begeisterung mit barbarischer Wildheit hin. Bei den dionysischen Umzügen hatte sie große zahme Schlangen bei sich, die oftmals aus dem Efeu und den heiligen Körben herausgekrochen kamen, sich um die Thyrsosstäbe und Kränze der

Frauen ringelten und dadurch die Männer in Schrecken versetzten.

3. Jedenfalls schickte Philipp nach dieser Traumerscheinung den Chairon von Megalopolis nach Delphi und soll von dort ein Orakel erhalten haben. Der Gott befahl ihm, dem Ammon[4] zu opfern und diesen Gott besonders zu verehren. Es wird auch erzählt, Philipp habe sein eines Auge[5] verloren, das er an den Türspalt gelegt habe, als er beobachtete, wie der Gott in Gestalt einer Schlange bei seiner Frau lag. Wie Eratosthenes[6] berichtet, gab Olympias ihrem Sohn das Geleit beim Auszug in den Krieg und verriet ihm dabei unter vier Augen das Geheimnis seiner Geburt. Dabei ermahnte sie ihn, er solle sich einer solchen Abkunft würdig erweisen. Andere berichten dagegen, Olympias habe sich gegen derartige Gerüchte verwahrt und gesagt: »Wird Alexander denn nicht aufhören, mich bei Hera in ein schlechtes Licht zu setzen?«

Alexander kam nun zur Welt am 6. Tag des Monats Hekatombaion, den die Makedonen Loos nennen, am selben Tag, an dem der Artemistempel von Ephesos niederbrannte.[7] Darüber gibt es einen Ausspruch des Hegesias von Magnesia[8], eine so frostige Bemerkung, daß sie leicht den ganzen Brand hätte löschen können: es sei kein Wunder, daß der Tempel niedergebrannt sei, Artemis habe ja gerade bei Alexanders Geburt zu tun gehabt.[9] Die Wahrsager, die damals in Ephesos waren, hielten das Unglück des Tempelbrandes für das Vorzeichen eines weiteren Unglücks. Sie rannten herum, schlugen sich das Gesicht und schrien, dieser Tag habe Verderben und großes Unheil für Asien gezeugt. Philipp, der gerade die Stadt Potidaia erobert hatte, erhielt zur gleichen Zeit drei Botschaften: die erste, daß die Illyrer von Parmenion[10] in einer großen Schlacht geschlagen worden seien, die zweite, eines seiner Pferde habe bei den Olympischen Spielen im Pferderennen gesiegt, und die dritte schließlich von der Geburt Alexanders. Die Freude, die er von sich aus darüber empfand, wurde noch gesteigert durch die Erklärung der Seher, der gleichzeitig mit drei Siegen geborene Knabe werde unbesiegbar sein.

4. Die äußere Erscheinung Alexanders geben am besten die Statuen des Lysipp[11] wieder, der als einziger die Ehre hatte, ihn in Bronze darstellen zu dürfen. Denn die Eigenart, die später viele seiner Nachfolger und Freunde nachzuahmen suchten, die leichte Biegung und Neigung des Halses nach links und den verschwimmenden Blick der Augen, das hat der Künstler genau festgehalten. Apelles[12], der ihn mit dem Donnerkeil in der Hand malte, hat seine Hautfarbe nicht getroffen, sondern ihn dunkler und bräunlicher wiedergegeben. Den Berichten nach war seine Haut aber weiß, und die weiße Farbe ging besonders auf der Brust und im Gesicht etwas ins Rötliche über. Seine Haut roch sehr angenehm, und von seinem Mund und seinem ganzen Körper ging ein Wohlgeruch aus, von dem auch seine Kleider durchdrungen waren, wie ich in den Aufzeichnungen des Aristoxenos[13] gelesen habe. Der Grund dafür war wohl die Mischung der Körpersäfte, die sehr warm und feurig war. Denn Wohlgeruch entsteht, wenn die Feuchtigkeit von der Wärme verzehrt wird, so meint jedenfalls Theophrast.[14] Daher gibt es in den trockenen und heißen Ländern der Erde auch die meisten und schönsten Gewürze, denn die Sonne zieht die Feuchtigkeit heraus, die auf der Oberfläche der Körper den Nährboden für die Fäulnis bildet. Diese Wärme des Körpers war wohl auch der Grund für Alexanders Trinkfreudigkeit und seinen Hang zu Temperamentsausbrüchen.

Schon als Knabe zeigte er seine Selbstbeherrschung: So leidenschaftlich und ungestüm er sonst war, ließ er sich doch von leiblichen Genüssen nicht leicht beherrschen, sondern zeigte darin große Zurückhaltung. Sein Streben nach Ruhm und Ehre verband sich in größerem Maße, als es sein Alter erwarten ließ, mit einer festen und edlen

Gesinnung. Er strebte auch nicht nach Ruhm auf jedem Gebiet und um jeden Preis wie Philipp, der sich wie ein Sophist mit seiner Redegabe großtat und seine Olympiasiege im Wagenrennen auf seine Münzen prägen ließ. Als dagegen Alexander, der ein guter Läufer war, von den Leuten aus seiner Umgebung darauf angesprochen wurde, ob er sich am Wettlauf in Olympia beteiligen wolle, antwortete er: »Ja, wenn ich dort Könige zu Gegnern hätte.« Offenbar hatte er für Athleten überhaupt nicht viel übrig, denn er veranstaltete zwar sehr viele Agone nicht nur für Tragödiendichter, für Flöten- und Kitharaspieler, sondern auch für den Vortrag von epischen Dichtungen, dazu Jagd- und Fechtkonkurrenzen aller Art, aber er hielt es nicht für der Mühe wert, für den Faustkampf oder den Fünfkampf Preise auszusetzen.

5. Einmal waren in Abwesenheit Philipps Gesandte vom Perserkönig gekommen. Alexander empfing sie, unterhielt sich mit ihnen und schlug sie ganz in seinen Bann durch sein freundliches Wesen und seine Art zu fragen. Er stellte nämlich keine Fragen, wie sie seinem kindlichen Alter entsprachen, oder über unbedeutende Dinge, sondern er fragte nach der Länge der Straßen und der Art der Verkehrswege ins Landesinnere sowie nach dem Großkönig selber, nach dessen Tapferkeit im Kriege, und wie groß die Wehrkraft und die militärische Macht der Perser seien. Darüber staunten sie so sehr, daß ihnen die vielgerühmte Tatkraft Philipps ein Nichts zu sein schien gegenüber der Energie dieses Knaben und seinem Drang zu großen Taten.

Sooft die Nachricht kam, Philipp habe eine bedeutende Stadt erobert oder eine ruhmreiche Schlacht gewonnen, machte Alexander gar keine frohe Miene dazu, sondern sagte zu seinen Altersgenossen: »Freunde, mein Vater nimmt mir noch alles vorweg. Er wird mir keine Gelegenheit mehr übriglassen, mit euch ein großes, glanzvolles Werk zu vollbringen.« Denn sein Ziel war nicht Genuß oder Reichtum, sondern Heldentaten und Ruhm, und er glaubte daher, je mehr ihm sein Vater hinterlassen werde, desto weniger werde er selbst später leisten können. Bei dem steten Anwachsen der Macht, so meinte er, würden alle Möglichkeiten zur Tat bereits von seinem Vater ausgeschöpft, er wünschte sich aber, eine Herrschaft zu übernehmen, die ihm nicht Reichtum, Überfluß und Genuß brächte, sondern Kämpfe, Kriege und ein Betätigungsfeld für sein Streben nach Ehre.

Viele Personen waren, wie leicht vorzustellen, mit der Sorge um seine Erziehung betraut, Erzieher, Hofmeister und Lehrer, und die Leitung aller hatte Leonidas, ein Mann von strengem Charakter, ein Verwandter der Olympias. Dieser hatte selbst nichts gegen den Titel eines Hofmeisters, der ja eine schöne und ehrenvolle Aufgabe bezeichnet, er ließ sich aber doch von den anderen wegen seines Ansehens und seiner Verwandtschaft mit dem Königshause Erzieher und Lehrmeister Alexanders nennen. Die Stellung und den Titel des Hofmeisters hatte sich Lysimachos angeeignet, ein Mann aus Akarnanien, der im übrigen ziemlich ungebildet war. Aber weil er sich selber Phoinix, den Alexander aber Achill und den Philipp Peleus nannte,[15] stand er in Gunst und hatte die zweite Stelle inne.

6. Ein Thessalier namens Philoneikos bot Philipp den Bukephalos[16] für 13 Talente[17] zum Kauf an. Man ging hinaus ins freie Gelände, um das Pferd auszuprobieren, und da zeigte es sich, daß es schwierig und ganz unbrauchbar war, da es niemanden aufsitzen und sich nicht einmal von jemandem aus Philipps Gefolge ansprechen ließ, sondern sich immer aufbäumte, wenn ihm jemand in die Nähe kam. Philipp verlor die Geduld und befahl, es wegzuführen, es sei völlig wild und nicht zu zähmen. Da sagte Alexander, der dabeistand: »Was für ein Pferd geht da verloren, bloß weil sie aus Unverstand und Weichlichkeit nicht mit ihm umzugehen wissen.« Zunächst

schwieg Philipp dazu, als Alexander aber weiter darüber sprach und große Erregung zeigte, sagte Philipp: »Du willst Älteren Vorwürfe machen, als ob du besser Bescheid wüßtest als sie und besser mit einem Pferd umgehen könntest?« »Mit diesem da würde ich jedenfalls besser zurechtkommen als irgend jemand sonst.« »Wenn du es aber nicht schaffst, welche Strafe willst du dann hinnehmen für deinen Vorwitz?« »Wahrhaftig, dann will ich den Preis für das Pferd bezahlen!« Alles lachte, und als man sich über den Preis geeinigt hatte, lief Alexander sogleich auf das Pferd zu, nahm es am Zügel und drehte es gegen die Sonne. Offenbar hatte er bemerkt, daß es scheute, wenn es seinen Schatten vor sich fallen und sich hin und her bewegen sah. Dann lief er ein paar Schritte neben ihm her, streichelte es, und als er sah, daß es wieder feurig und temperamentvoll wurde, ließ er behutsam seinen Mantel fallen, sprang aufs Pferd und setzte sich zurecht. Zunächst hielt er es ohne Schlagen und Zerren noch eine kurze Zeit zurück, indem er mit den Zügeln die Gebißstange leicht anzog. Als er aber sah, daß das Pferd seinen Widerstand aufgegeben hatte und jetzt heftig vorwärtsdrängte, gab er ihm die Zügel und ließ es laufen, indem er es durch lauteren Zuruf und Schenkeldruck noch vorwärtstrieb. Philipp und seine Begleiter waren zunächst stumm und voller Angst. Als er aber in einer dressurmäßigen Wendung stolz und froh zurückgeritten kam, jubelten ihm alle zu, sein Vater aber soll Freudentränen vergossen haben. Beim Absitzen küßte er seinen Sohn und sagte zu ihm: »Mein Sohn, such dir ein Reich, das deiner würdig ist; denn Makedonien ist zu klein für dich.«

7. Philipp erkannte, daß Alexander in seinem Wesen nicht leicht zu beeinflussen war und sich gegen jeden Zwang sträubte, sich aber durch vernünftige Argumente leicht auf den richtigen Weg bringen ließ. Daher suchte er ihn mehr durch Überzeugen als durch Befehlen zu

lenken, und weil er den Lehrern der wissenschaftlichen und der allgemeinen Bildung die Erziehung und Ausbildung seines Sohnes nicht ganz und gar anvertrauen wollte – er hielt diese für eine höhere Aufgabe, bei der man gemäß dem Wort des Sophokles Zügel und Steuerruder zugleich braucht – [18], berief er den Aristoteles, den berühmtesten und gelehrtesten aller Philosophen, und zahlte ihm einen hohen und würdigen Lohn für seine Lehrtätigkeit: Er ließ nämlich die Heimatstadt des Aristoteles, die Stadt Stageira, die er zerstört hatte, wieder aufbauen und die Bürger, die geflüchtet oder zu Sklaven gemacht worden waren, wieder ansiedeln. Als Schul- und Aufenthaltsort wies er den beiden den Nymphenhain bei Miëza an, wo man noch heutzutage die Steinsitze des Aristoteles und die schattigen Wandelgänge zeigt. Wie es scheint, wurde Alexander nicht nur in Ethik und Politik unterrichtet, sondern auch in die geheimen und tieferen Lehrsysteme eingeführt, die nach Aussage der Philosophen nur »zum Hören und Sehen bestimmt sind« und die sie nicht der Allgemeinheit bekanntmachen. Denn als Alexander schon auf seinem Feldzug in Asien war und erfuhr, daß einige dieser Lehren von Aristoteles in Buchform veröffentlicht worden seien, schrieb er ihm einen Brief, in dem er freimütig für diese Philosophie eintrat. Der Text lautet: »Alexander wünscht Aristoteles alles Gute. Es war nicht richtig von dir, daß du die nur zum Hören bestimmten Lehren veröffentlicht hast. Denn worin werden wir uns nun von den anderen abheben, wenn die Lehren, in denen wir erzogen wurden, Allgemeingut werden? Ich für mein Teil möchte mich jedenfalls lieber durch die Kenntnis der höchsten Werte als durch äußerliche Machtmittel vor anderen auszeichnen. Leb wohl.« Um diese Ehrbegierde Alexanders zu beschwichtigen, schreibt Aristoteles zu seiner Verteidigung, was jene Lehren angehe, so seien sie veröffentlicht und doch wieder auch nicht veröffentlicht. Und in der Tat enthält das

Werk über die Metaphysik nichts Brauchbares zum Lehren und Lernen, sondern es ist von Anfang an mehr als eine Gedächtnisstütze für die Eingeweihten aufgezeichnet worden.

8. Auch die Vorliebe Alexanders für die Medizin scheint mir vor allem auf dem Einfluß des Aristoteles zu beruhen. Denn Alexander beschäftigte sich nicht nur gerne mit ihr als Wissenschaft, er leistete auch seinen erkrankten Freunden ärztliche Hilfe und verordnete ihnen Heilmittel und Kuren, wie aus seinen Briefen hervorgeht. Er war überhaupt von Natur aus wißbegierig und ein leidenschaftlicher Leser. Die *Ilias* sah er als ein Lehrbuch der Kriegskunst an und nannte sie auch so. Er hatte eine von Aristoteles verbesserte Ausgabe bei sich, die aus dem Kästchen, wie sie genannt wird,[19] und diese hatte er immer neben seinem Schwert unter dem Kopfkissen liegen, wie Onesikritos[20] überliefert hat. Als er dann im Innern Asiens mit Büchern nicht gut versehen war, schrieb er an Harpalos[21], er solle ihm welche schicken. Dieser schickte ihm dann auch die Werke des Philistos[22], viele Tragödien des Euripides, Sophokles und Aischylos sowie die Dithyramben des Telestes und Philoxenos.

Anfangs bewunderte er den Aristoteles und liebte ihn nach seinen eigenen Worten nicht weniger als seinen Vater, denn durch den einen lebe er, durch den anderen aber lebe er auf die rechte Weise. Später aber hatte er nicht mehr das rechte Vertrauen zu ihm; nicht daß er ihm etwas zuleide getan hätte, aber seine Gunstbeweise hatten nicht mehr diese unmittelbar von Herzen kommende Art, ein Beweis dafür, daß eine Entfremdung eingetreten war. Doch die Liebe und Neigung zur Philosophie, die ihm von Jugend an eingepflanzt war und mit ihm groß wurde, verließ ihn nicht, dafür zeugt seine Wertschätzung des Anaxarchos[23], die Tatsache, daß er dem Xenokrates[24] 50 Talente geschickt hat, sowie seine Bemühungen um Dandamis und Kalanos.[25]

9. Als Philipp gegen die Byzantier zu Felde zog, betraute er Alexander, obwohl dieser erst 16 Jahre alt war, mit der Regentschaft über Makedonien und mit dem Reichssiegel. Alexander unterwarf die abgefallenen Maider, nahm ihre Stadt ein, vertrieb die Barbaren und siedelte dort eine gemischte Kolonie an, die er Alexandropolis nannte. An der Schlacht von Chaironeia[26] gegen die Griechen nahm er teil, und er soll als erster in die Heilige Schar der Thebaner[27] eingebrochen sein. Noch in unserer Zeit zeigte man am Fluß Kephisos eine alte Eiche, die Alexandereiche genannt, an der sein Zelt gestanden haben soll, und das Grab der gefallenen Makedonen ist nicht weit davon entfernt. Kein Wunder, daß Philipp seinen Sohn aus all diesen Gründen vergötterte, er hatte sogar seine Freude daran, wenn die Makedonen Alexander ihren König, Philipp aber ihren Feldherrn nannten. Aber die Störungen des Familienlebens – durch Philipps Heiraten und Liebschaften krankte das ganze Reich in gewisser Weise mit an den Leiden des Frauengemachs – führten zu einer Menge von Vorwürfen und heftigen Streitereien. Diese wurden dadurch verschärft, daß Olympias, eine eifersüchtige, leidenschaftliche Frau, in ihrer Unverträglichkeit auch noch Alexander aufhetzte. Zum offenen Zerwürfnis kam es durch Attalos auf der Hochzeit Philipps mit Kleopatra, die er heiratete, weil er sich trotz seines Alters in dieses junge Mädchen verliebt hatte. Ihr Oheim Attalos forderte nämlich berauscht beim Bankett die Makedonen auf, sie sollten zu den Göttern beten, daß Philipp und Kleopatra dem Reich einen rechtmäßigen Thronfolger schenkten. Darauf geriet Alexander in Wut und rief ihm zu: »Bin ich etwa für dich ein Bastard, du elender Kerl?«, und er warf einen Becher nach ihm. Philipp sprang auf, wandte sich gegen Alexander und zog das Schwert, aber zum Glück für beide stolperte er in seinem Zorn und Rausch und fiel hin. Alexander aber rief höhnisch: »Schaut doch, Leute, der da rüstet sich, von Eu-

ropa nach Asien hinüberzugehen, und jetzt fällt er hin, wenn er von einem Tisch zum andern will!« Nach diesem Auftritt im Rausch nahm er Olympias mit sich und brachte sie nach Epirus, er selber aber hielt sich in Illyrien auf. Inzwischen kam Demaratos aus Korinth zu Philipp. Er war sein Gastfreund und konnte sich ein offenes Wort erlauben. Nachdem sie die ersten Begrüßungsworte und Höflichkeiten ausgetauscht hatten, fragte Philipp, wie es um die Eintracht der Griechen stehe. »Da bist du gerade der richtige Mann dazu, Philipp«, entgegnete Demaratos, »dir um die Griechen Sorgen zu machen! Du hast doch selber Zerwürfnis und Unheil in Fülle über dein eigenes Haus gebracht.« Dadurch kam Philipp wieder zur Vernunft, sandte Demaratos als Vermittler und brachte Alexander dazu, heimzukehren.

10. Pixodaros[28], der Satrap von Karien, hätte durch eine Verschwägerung mit Philipp diesen gern als Bundesgenossen gewonnen. Deshalb wollte er dem Arrhidaios[29], einem Sohn Philipps, seine älteste Tochter zur Frau geben und schickte den Aristokritos in dieser Angelegenheit nach Makedonien. Daraufhin kamen Alexander wieder Gerüchte und Verdächtigungen von seiten der Freunde und der Mutter zu Ohren: Arrhidaios solle von Philipp durch eine glänzende Heirat und die Verbindung mit einem einflußreichen Hause legitimiert werden. Alexander geriet dadurch in Unruhe und schickte seinerseits den Tragödienschauspieler Thessalos nach Karien, um Pixodaros mitzuteilen, er solle doch den Bastard lassen, der noch dazu nicht richtig im Kopf sei, und sich statt dessen mit Alexander verschwägern. Dem Pixodaros gefiel dieser Plan viel besser als sein bisheriger. Als aber Philipp davon erfuhr, nahm er den Philotas, den Sohn des Parmenion, einen von Alexanders Freunden und Gefährten, mit und ging zu Alexander auf sein Zimmer. Dort machte ihm Philipp heftige Vorwürfe und tadelte ihn bitter, er benehme sich unedel und seiner hohen

Stellung unwürdig, wenn er sich dazu hergeben wolle, der Schwiegersohn eines Karers zu werden, eines Sklaven des Barbarenkönigs. An die Korinther schrieb er, sie sollten ihm den Thessalos in Fesseln ausliefern. Von den übrigen Freunden Alexanders verbannte er Harpalos und Nearchos sowie Erigyios und Ptolemaios aus Makedonien. Alexander holte sie später wieder zurück und hielt sie in höchsten Ehren.
Pausanias, ein Mann, der auf Anstiften des Attalos und der Kleopatra schwer beleidigt worden war und keine Genugtuung erhalten hatte, ermordete dann Philipp, und man gab die meiste Schuld daran der Olympias, sie habe den schwer gereizten jungen Mann dazu ermuntert und aufgehetzt. Und es fiel auch einiger Verdacht auf Alexander. Als Pausanias sich nach der erlittenen Beschimpfung an ihn gewandt und sich darüber beklagt hatte, soll Alexander nämlich den Vers aus der *Medea* des Euripides zitiert haben:

»Den Vater und die Tochter und den Bräutigam.«[30]

Er ließ jedoch alle an dem Anschlag Beteiligten ermitteln und bestrafen, und als Olympias in seiner Abwesenheit Kleopatra auf grausame Weise zu Tode brachte, gab er Olympias seinen Unwillen darüber zu erkennen.
11. Er übernahm nun mit zwanzig Jahren die Regierung, die durch feindseligen Neid, grimmigen Haß und Gefahren von allen Seiten bedroht war. Denn die benachbarten Barbarenstämme wollten die Knechtschaft nicht länger ertragen, sondern wünschten sich ihre eigenen Könige zurück. Griechenland aber hatte Philipp zwar militärisch besiegt; er hatte aber keine Zeit gehabt, es zu zähmen und gefügig zu machen, sondern nur einen Umsturz und ein politisches Chaos herbeigeführt und es in einem Zustand der Unruhe und des Aufruhrs zurückgelassen, da es sich noch nicht an die veränderte Lage gewöhnt hatte. Die Makedonen waren wegen der gegenwärtigen Situa-

tion beunruhigt und meinten, Alexander solle Griechenland ganz aufgeben und keinerlei Zwang ausüben, die abgefallenen Barbaren aber durch eine versöhnliche Haltung wiederzugewinnen suchen und so allen Aufstandsbewegungen gleich von Anfang an vorbeugen. Alexander selber aber ging von entgegengesetzten Erwartungen aus: er wollte durch kühnen Wagemut und entschlossenes Durchgreifen seiner Herrschaft Sicherheit und Frieden verschaffen, denn er vermutete, daß bei dem ersten Anzeichen von Nachgiebigkeit alle zugleich über ihn herfallen würden. Den Barbarenaufständen und den dortigen Kriegen machte er ein Ende, indem er mit seinem Heer rasch bis an die untere Donau vordrang, wo er auch Syrmos, den König der Triballer, in einer gewaltigen Schlacht besiegte. Er bekam nun die Nachricht, die Thebaner seien abgefallen und die Athener stünden auf ihrer Seite. Daraufhin marschierte er sofort mit seinem Heer durch die Thermopylen. Er sagte, Demosthenes[31] habe ihn, solange er bei den Illyrern und Triballern war, einen Knaben, als er in Thessalien war, einen jungen Burschen genannt. Jetzt wolle er ihm vor den Mauern von Athen zeigen, daß er ein Mann sei. Er rückte vor die Stadt Theben, wollte aber den Bürgern noch die Möglichkeit geben, sich von ihrer bisherigen Politik abzuwenden, und so verlangte er nur die Auslieferung des Phoinix und des Prothytes und ließ Straflosigkeit für alle verkünden, die zu ihm übergingen. Die Thebaner aber stellten die Gegenforderung, man solle ihnen Philotas und Antipater ausliefern und riefen öffentlich dazu auf, alle, die Griechenland befreien wollten, sollten sich mit ihnen verbünden. Daraufhin gab er den Makedonen den Befehl zum Angriff. Die Thebaner kämpften zwar mit übermenschlicher Heldenhaftigkeit und Tapferkeit gegen den zahlenmäßig weit überlegenen Feind, als aber die makedonische Besatzung der Kadmeia[32] einen Ausfall machte und sie im Rücken faßte, waren sie von allen Seiten eingekreist.

Die meisten fielen in der Schlacht selbst, die Stadt aber wurde erobert, ausgeplündert und dem Erdboden gleichgemacht. Alexander ging dabei von der Überlegung aus, daß die Griechen, durch eine solche Katastrophe in Schrecken versetzt, klein beigeben und Ruhe halten würden. Außerdem gebrauchte er den Vorwand, er habe Beschuldigungen der Bundesgenossen nachgeben müssen. Denn die Phoker und Platäer hatten Klage geführt gegen die Thebaner. Mit Ausnahme der Priester, aller Gastfreunde der Makedonen, der Nachkommen Pindars[33] und der Leute, die gegen den Beschluß zum Aufstand gestimmt hatten, ließ er die gesamte Bevölkerung in die Sklaverei verkaufen. Es waren etwa 30000 Menschen, gefallen waren über 6000.

12. In all diesem Unglück und diesen Greueln, die die Stadt trafen, geschah es, daß ein Haufen Thraker in das Haus einer vornehmen und tugendhaften Dame namens Timokleia eindrang. Die Soldaten plünderten die Habe, ihr Anführer vergewaltigte die Frau und fragte sie dann, ob sie irgendwo Gold oder Silber versteckt habe. Sie bejahte dies und führte ihn allein in den Garten und zeigte ihm einen Brunnen. Dort habe sie bei der Eroberung der Stadt ihre wertvollsten Schätze hineingeworfen. Der Thraker bückte sich und spähte hinunter, da stieß ihn die Frau von hinten in den Brunnen hinab und warf so viele Steine auf ihn, bis er tot war. Die Thraker schleppten sie gefesselt vor Alexander, aber sie erschien schon durch ihre Miene und ihr Auftreten würdig und hoheitsvoll, wie sie unerschrocken und furchtlos ihren Führern folgte. Als der König sie dann fragte, wer sie sei, antwortete sie: »Ich bin die Schwester des Theagenes, der für die Freiheit Griechenlands gegen Philipp gekämpft hat und als Feldherr in der Schlacht von Chaironeia gefallen ist.« Voller Bewunderung über ihre Antwort und ihre Tat gab Alexander Befehl, die Frau mit ihren Kindern freizulassen.

13. Mit den Athenern gelang ihm eine Aussöhnung, obwohl sie schwer an dem Schicksal Thebens trugen. Zum Zeichen der Trauer brachen sie die gerade begonnene Feier der Mysterien ab und setzten sich aufopfernd für die thebanischen Flüchtlinge in Athen ein. Alexander hatte nun entweder wie ein Löwe seinen Blutdurst gestillt, oder er wollte der überaus grausamen und unmenschlichen Tat einen Akt der Milde gegenüberstellen; er verzichtete jedenfalls nicht nur auf jede Beschwerde gegen die Athener, sondern riet ihnen sogar, die politische Entwicklung aufmerksam im Auge zu behalten, denn wenn ihm etwas zustieße, seien sie das Oberhaupt von Hellas. Später aber soll ihm das Unglück, das er über Theben gebracht hatte, leidgetan und ihn milde gestimmt haben gegen viele. Er war überzeugt, daß die im Rausch verübte Tat an Kleitos[34] sowie die feige Umkehr der Makedonen in Indien,[35] die so den Feldzug gleichsam nicht zum Ziel kommen ließ und seinen Ruhm schmälerte, auf den Zorn und die Vergeltung des Dionysos[36] zurückzuführen seien. Es gab keinen von den überlebenden Thebanern, der nicht später jeden Wunsch und jede Bitte von ihm erfüllt bekam. Das war das Schicksal der Stadt Theben.

14. Die Griechen versammelten sich auf dem Isthmos von Korinth und faßten den Beschluß, mit Alexander den Feldzug gegen die Perser zu unternehmen, und wählten ihn zum obersten Befehlshaber. Daraufhin kamen viele Politiker und Philosophen zu ihm und gratulierten ihm, und Alexander nahm an, auch Diogenes von Sinope, der in Korinth lebte, werde das gleiche tun. Da dieser aber überhaupt keine Notiz von Alexander nahm und in aller Ruhe im Kraneion[37] blieb, ging er selber zu ihm. Als er kam, lag Diogenes gerade in der Sonne. Er setzte sich nur ein wenig auf, als eine solche Menge von Leuten erschien, und blickte Alexander an. Dieser begrüßte ihn und fragte, ob er eine Bitte an ihn habe. Darauf entgegnete Diogenes: »Geh mir nur ein wenig aus der Sonne!« Alexander soll davon sehr beeindruckt gewesen sein und den Stolz und die Größe des Mannes, der ihn mit solcher Nichtachtung behandelt hatte, so sehr bewundert haben, daß er, während seine Begleiter beim Weggehen lachten und spotteten, sagte: »Wahrhaftig, wenn ich nicht Alexander wäre, dann möchte ich wohl Diogenes sein!« Er begab sich nach Delphi, um von dem Gott ein Orakel über den Feldzug zu erhalten. Es waren aber zufällig gerade ungünstige Tage, an denen kein Orakel erteilt werden durfte. Alexander schickte zunächst nach der Pythia und forderte sie auf zu kommen. Als sie es ablehnte und sich auf das Gesetz berief, ging er selber hin und brachte sie mit Gewalt zum Tempel. Da sagte sie, von seiner Beharrlichkeit gleichsam überwältigt: »Du bist unüberwindlich, Knabe!« Als Alexander dies hörte, meinte er, nun brauche er keinen weiteren Seherspruch mehr, er habe bereits das gewünschte Orakel von ihr.

Als er zu dem Feldzug aufbrach, ereigneten sich manche Götterzeichen. So gab die hölzerne Statue des Orpheus in Leibethra, die aus Zypressenholz war, in diesen Tagen eine Menge Schweiß von sich. Alle gerieten in Bestürzung deswegen, Aristandros aber hieß Alexander zuversichtlich zu sein, denn er werde rühmenswerte und überall gepriesene Taten vollbringen, die die Dichter und Musiker, die davon berichteten, viel Schweiß und Mühe kosten würden.

15. Seine Truppenstärke wird von denen, die die geringste Zahl nennen, mit 30000 Fußsoldaten und 4000 Reitern angegeben, diejenigen aber, die die höchste Zahl angeben, sprechen von 43000 Fußsoldaten und 5000 Reitern. Zum Unterhalt für dieses Heer besaß er nicht mehr als 70 Talente, wie Aristobulos[38] berichtet. Duris[39] sagt, er hätte nur Verpflegung für 30 Tage gehabt, Onesikritos spricht dazu noch von 200 Talenten Schulden. Aber ob-

wohl seine Mittel bei seinem Aufbruch zum Feldzug so gering und beschränkt waren, ging er nicht eher an Bord, bis er sich einen Überblick über die Lage seiner Freunde verschafft hatte und dem einen ein Landgut, dem anderen ein Dorf, dem dritten die Einkünfte aus einer Stadt oder einem Hafen geschenkt hatte. Als schon fast alle königlichen Güter auf diese Weise vergeben und überschrieben waren, fragte Perdikkas[40]: »Und was behältst du für dich selber übrig, o König?« »Die Hoffnungen«, erwiderte Alexander. »So werden wir, die wir mit dir ins Feld ziehen, doch auch daran teilhaben,« gab Perdikkas zur Antwort und lehnte die ihm überschriebenen Güter ab, und einige Freunde folgten seinem Beispiel. Denen aber, die seine Geschenke annahmen und sich welche ausbaten, gab er bereitwillig alles und verschenkte so das meiste, was er in Makedonien besaß. In dieser Stimmung und innerlich so vorbereitet, überschritt er den Hellespont. Er stieg bei Ilion an Land, wo er der Athene opferte und an den Gräbern der Heroen Trankopfer spendete. Die Grabsäule des Achill bekränzte er, nachdem er sie gesalbt und mit seinen Freunden nackt, wie es Sitte war, einen Wettlauf um die Säule gemacht hatte. Den Achill pries er glücklich, daß er im Leben einen treuen Freund und nach dem Tode einen großartigen Künder seiner Taten gefunden habe.[41] Als er in der Stadt umherging und die Sehenswürdigkeiten besichtigte, fragte ihn jemand, ob er die Lyra des Alexandros[42] sehen wolle. Er gab zur Antwort, darauf sei er am wenigsten neugierig, er suche die Lyra des Achill, zu der dieser den Ruhm und die Taten der Helden besungen habe.[43]

16. Inzwischen hatten die Feldherrn des Dareios ein großes Heer zusammengezogen und sich am Übergang des Flusses Granikos aufgestellt. Es war ohne Zweifel unvermeidlich, hier, gleichsam an den Toren Asiens, um den Eingang in das Reich zu kämpfen. Aber die meisten fürchteten die Tiefe des Flusses und das unebene, steile

Ufer gegenüber, das man während des Kampfes gewinnen mußte, einige wiesen auch darauf hin, man müsse sich an die Kalendergewohnheit halten: im Monat Daision pflegten die makedonischen Könige nämlich keine Feldzüge zu unternehmen. Dieses Bedenken räumte Alexander dadurch aus, daß er befahl, diesen Monat den zweiten Artemision[44] zu nennen. Parmenion, der mit Rücksicht auf die späte Tageszeit den Angriff nicht zulassen wollte, erhielt von Alexander zur Antwort, er müsse sich ja vor dem Hellespont schämen, wenn er sich nun vor dem Granikos fürchte, nachdem er den Hellespont überschritten habe. Und er stürzte sich an der Spitze von 13 Reiterschwadronen in den Fluß. Wie er so im Geschoßhagel gegen ein steiles, mit Fußvolk und Reitern besetztes Gelände losssprengte, von der Strömung mitgerissen und von Wogen umbrandet, sah er eher aus wie ein Rasender und Verrückter als wie einer, der einem strategischen Plan folgte. Aber er erzwang den Übergang und gewann unter Mühen und Schwierigkeiten das Ufer. Dort war alles feucht und glatt, weil es Lehmboden war, und Alexander sah sich augenblicklich in der Zwangslage, ohne feste Ordnung Mann gegen Mann mit den Angreifern in einem Handgemenge zu kämpfen, noch ehe die übersetzenden Soldaten sich in Schlachtordnung aufstellen konnten. Denn die Feinde drangen sofort mit Geschrei auf sie ein, trieben ihre Pferde neben die der Gegner und kämpften mit den Speeren und dann mit den Schwertern, wenn die Speere zerbrochen waren.

Eine große Menge stürmte gegen Alexander an, denn er war leicht zu erkennen an seinem Schild und seinem Helmbusch, der auf beiden Seiten eine auffallend lange weiße Feder trug. Alexander wurde von einem Wurfspeer in einer Fuge seines Harnischs getroffen, war aber nicht verwundet. Jetzt galoppierten die beiden Feldherrn Rhoisakes und Spithridates gleichzeitig auf ihn los. Dem einen wich er aus, dem Rhoisakes aber brachte er mit der

Lanze einen Stoß auf den Panzer bei, und als die Lanze dabei zerbrach, griff er zum Schwert. Während des Zweikampfes trieb Spithridates sein Pferd von der Seite her neben ihn, hob sich mit einem Schwung im Sattel empor und hieb mit der persischen Streitaxt nach ihm. Er traf den Helmbusch samt der einen Feder, der Helm aber hielt dem Hieb gerade noch so weit stand, daß die Axt mit ihrer Scheide nur die Haare oben berührte. Spithridates holte gerade zum zweiten Hieb aus, da kam ihm der schwarze Kleitos zuvor und rannte ihm den Speer mitten durch den Leib. Zugleich fiel auch Rhoisakes, von Alexanders Schwert getroffen.

Während die Reiterschlacht so auf Messers Schneide stand, setzte die makedonische Phalanx über den Fluß, und das persische Fußvolk rückte gegen sie vor. Dieses leistete aber weder tapfere noch anhaltende Gegenwehr, sondern wandte sich zur Flucht, ausgenommen die griechischen Söldner. Diese stellten sich geschlossen an einem Hügel auf und boten Alexander ihre Übergabe an. Er aber stürmte, mehr dem Zorn als vernünftiger Überlegung folgend, allen voran gegen sie los, verlor dabei sein Pferd, das von einem Schwerthieb in die Seite getroffen wurde – es war aber nicht Bukephalos, sondern ein anderes –, und es gab hier die meisten Gefallenen und Verwundeten auf makedonischer Seite. Denn es war ein Kampf mit tapferen Männern, die mit dem Mut der Verzweiflung fochten. Es sollen von den Barbaren 20000 Fußsoldaten und 2500 Reiter gefallen sein. Auf Alexanders Seite wird die Anzahl der Toten von Aristobulos mit nur 34 angegeben, davon 9 Fußsoldaten. Alexander ließ von ihnen eherne Standbilder errichten, die von Lysipp gearbeitet wurden. Er wollte die Griechen als an diesem Sieg beteiligt erscheinen lassen, deshalb schickte er den Athenern eigens 300 der erbeuteten Schilde und ließ auf die übrigen, die für alle bestimmten Beutestücke, die sehr ehrenvolle Aufschrift setzen: »Alexander, Philipps Sohn, und die Griechen außer den Lakedaimoniern, als Beute von den Barbaren in Asien.«

Die Becher, Purpurdecken, und was er sonst von den Persern erbeutet hatte, schickte er fast alle seiner Mutter.

17. Diese Schlacht schuf mit einem Schlag eine veränderte Lage zugunsten Alexanders, so daß er sogar Sardes, das Bollwerk des Barbarenreiches zum Meer hin, einnehmen konnte und auch die übrigen Städte in seine Hand bekam. Allein Halikarnaß und Milet leisteten noch Widerstand. Er eroberte beide Städte nach einer Belagerung und unterwarf die Gebiete im Umkreis. Danach war er unschlüssig über seine nächsten Schritte. Oft war er drauf und dran, dem Dareios entgegenzuziehen und die Entscheidungsschlacht zu schlagen, dann plante er wieder, sich zunächst des Machtpotentials und der Geldquellen der Länder am Meer zu bemächtigen, sich zuerst daran zu üben und dadurch zu stärken und dann erst gegen Dareios weiter ins Landesinnere vorzurükken.

In Lykien bei der Stadt Xanthos gibt es eine Quelle. Diese soll damals ganz von selbst in Bewegung gekommen und übergelaufen sein und dabei aus der Tiefe eine eherne Tafel mit altertümlichen Schriftzeichen zum Vorschein gebracht haben. Darauf stand, die Herrschaft der Perser solle durch die Hellenen ein Ende finden. Das ermutigte Alexander, und er eilte nun, das Küstengebiet bis nach Phoinikien und Kilikien hin von den Feinden zu säubern. Der Marsch an der Küste von Pamphylien entlang hat vielen Geschichtsschreibern Stoff für eine dramatische und prächtig ausgeschmückte Schilderung gegeben. Das Meer, so heißt es, das sonst immer heftig von draußen her an die Küste anbrandet und nur selten unter den steilen, schroffen Gebirgsrändern schmale, ans Land angrenzende Felsplatten hervortreten läßt, sei durch ein göttliches Eingreifen vor Alexander zur Seite gewichen.

Auch Menander[45] spielt in einer Komödie darauf an, wenn er über unvermutete Ereignisse scherzhaft sagt:

»Ganz nach Alexanderweise geht das hier: Such ich einen,
Kommt er schon von selbst daher. Muß ich aber einmal
Suchen einen Weg durchs Meer, gleich wird er mir gangbar sein.«

Alexander selbst berichtet in seinen Briefen nichts von einem Wunder; er sagt, er habe den Weg durch die sogenannte Klimax[46] genommen und sei von Phaselis aus hindurchgezogen. Daher hielt er sich auch mehrere Tage in dieser Stadt auf. Als er auf dem Marktplatz eine Statue des Theodektes[47] erblickte – dieser war inzwischen verstorben, er stammte aus Phaselis –, veranstaltete er nach dem Abendessen, vom Wein beschwingt, einen Festzug dorthin und warf der Statue viele Kränze zu, eine nicht unfeine, scherzhafte Huldigung für den Mann, dessen Bekanntschaft er durch Aristoteles und die Philosophie gemacht hatte.

18. Darauf unterwarf er die Pisidier, die sich ihm widersetzt hatten, und nahm Phrygien ein. Die Stadt Gordion, die sagenhafte Residenz des altberühmten Königs Midas, eroberte er und besichtigte dort den bekannten Wagen, der mit dem Bast von Kornelkirschen zusammengebunden war. Er hörte auch die Sage, die sich an ihn knüpft und die die Barbaren für wahr halten, daß nämlich derjenige, der den Knoten löse, dazu bestimmt sei, König über die ganze Erde zu werden. Die meisten berichten nun, daß die Enden des Knotens, da vielfach ineinander verschlungen und verknotet, nicht zu sehen gewesen seien, und daher sei Alexander nicht in der Lage gewesen, den Knoten aufzulösen, sondern habe ihn mit dem Schwert durchtrennt, wodurch viele Enden zum Vorschein gekommen seien. Aristobulos erzählt dagegen, das Auflösen sei Alexander ganz leichtgefallen, indem er einfach den Pflock, mit dem der Jochriemen festgehalten war, aus der Deichsel herauszog und so das Joch vom Wagen trennte.

Anschließend brachte er die Paphlagonier und Kappadokier auf seine Seite, und auf die Nachricht von Memnons[48] Tod fühlte er sich in seinem Entschluß bestärkt, ins Landesinnere vorzurücken. Denn von diesem Mann hatte man von allen Feldherrn des Dareios in den kleinasiatischen Küstenländern den meisten Widerstand und tausenderlei Schwierigkeiten und Hindernisse für Alexanders Zug erwartet. Schon war auch Dareios von Susa her im Anmarsch, siegesgewiß wegen seiner Truppenstärke – er hatte nämlich 600000 Mann bei sich – und dazu noch ermutigt durch einen Traum, den die Wahrsager mehr ihm zu Gefallen als der Wahrscheinlichkeit nach ausgelegt hatten. Er hatte nämlich geträumt, die makedonische Phalanx stünde in hellen Flammen, Alexander aber mache ihm seine Aufwartung, und zwar in dem Gewand, das er, Dareios, selber getragen hatte, als er den Titel eines Reichskommissars für das Postwesen führte. Dann sei aber Alexander in den Tempel des Belos[49] gegangen und darin verschwunden. Vermutlich wollte die Gottheit durch dieses Traumbild offenbaren, daß die makedonische Macht weithin sichtbar in hellem Glanze erstrahlen und Alexander der Herrscher über Asien werden würde, so wie Dareios vom obersten Mann des Postwesens zum König geworden sei, aber bald darauf sein Leben ruhmvoll beschließen werde.

19. Noch zuversichtlicher wurde Dareios, als Alexander so lange Zeit in Kilikien blieb, was er ihm als Feigheit auslegte. Der Grund für den langen Aufenthalt war aber eine Krankheit Alexanders, die man teils den großen Strapazen zuschreibt, teils als Folge eines Bades im eiskalten Wasser des Flusses Kydnos ansieht. Von den Ärzten wagte keiner, einschneidende Maßnahmen vorzunehmen, sie glaubten vielmehr, die Gefahr sei zu groß im Vergleich zu jeder Art von Hilfe, und daher fürchteten sie sich im Falle des Mißlingens vor den Vorwürfen der Makedonen. Philippos aus Akarnanien dagegen war sich zwar im klaren über die Bedenklichkeit seiner Lage, er vertraute aber auf die Freundschaft des Königs und hielt es für schmachvoll, wenn sich Alexander in höchster Gefahr befand, nicht selber ebenfalls jede Gefahr auf sich zu nehmen, unter Einsatz des eigenen Lebens zu helfen und das Äußerste zu wagen. Daher bereitete er eine Arznei und beredete Alexander auch, sich zu überwinden und sie einzunehmen, wenn es ihm darum ginge, schnell wieder gesund zu werden, um den Krieg fortsetzen zu können. Mittlerweile schickte Parmenion aus dem Lager einen Brief, in dem er Alexander aufforderte, vor Philippos auf der Hut zu sein, er sei nämlich von Dareios durch große Geldsummen und die Aussicht auf die Heirat mit einer seiner Töchter gewonnen worden, Alexander umzubringen. Dieser las den Brief, zeigte ihn aber keinem seiner Freunde, sondern verbarg ihn unter dem Kopfkissen. Als nun Philippos zur festgesetzten Stunde mit den Freunden des Königs eintrat und die Arznei in einem Becher brachte, übergab ihm Alexander den Brief, er selber aber nahm bereitwillig ohne eine Spur von Argwohn die Medizin ein. Das war ein wundersamer Anblick, gerade wie auf der Bühne, wie der eine den Brief las, der andere die Medizin austrank und sie dann gleichzeitig einander anblickten, aber mit ganz verschiedener Miene. Denn Alexander gab mit heiterem und freundlichem Gesicht seinem Wohlwollen und Vertrauen Philippos gegenüber Ausdruck, während dieser über die Verleumdung ganz außer sich geriet und bald die Götter anrief und die Hände zum Himmel hob und bald sich vor dem Bett niederwarf und Alexander beschwor, ganz sicher zu sein und sich auf ihn zu verlassen. Die Arznei wirkte nämlich zuerst sehr stark auf den Körper, verdrängte alle Lebenskraft und drückte sie so stark nieder, daß die Stimme versagte und man nur noch kaum merkliche und schwache Lebenszeichen wahrnahm, während der Kranke in einer tiefen Ohnmacht lag. Aber Philippos brachte ihn bald wieder auf die Beine, er kam zu Kräften und konnte sich den Makedonen zeigen. Diese ließen sich nämlich nicht aus ihrer Niedergeschlagenheit herausreißen, bis sie Alexander wieder mit eigenen Augen sahen.

20. Im Heer des Dareios war ein makedonischer Flüchtling namens Amyntas, dem Alexanders Wesensart wohl vertraut war. Er sah, daß Dareios eben dabei war, durch die Engpässe Alexander entgegenzuziehen, und riet ihm daher, hierzubleiben, wo er in der weiten, ausgedehnten Ebene mit seiner überlegenen Truppenmacht dem zahlenmäßig schwächeren Feind die Schlacht anbieten könne. Dareios antwortete, er habe Bedenken, daß die Feinde sich aus dem Staube machten und Alexander ihm entkommen könnte. Darauf meinte Amyntas: »Deswegen brauchst du dir keine Sorgen zu machen, König. Alexander wird gegen dich vorrücken, und sicher ist er schon im Anmarsch.« Damit konnte Amyntas den König aber nicht überzeugen, Dareios brach auf und marschierte nach Kilikien, zugleich rückte Alexander nach Syrien gegen ihn vor. In der Nacht verfehlten sie einander jedoch[50] und kehrten wieder um. Alexander war erfreut über den Zufall und beeilte sich, den Feind noch in der Gegend der Engpässe anzutreffen, Dareios aber war bestrebt, seinen früheren Lagerplatz wiederzugewinnen und sein Heer aus dem Paß herauszuziehen. Denn es war ihm nun klargeworden, daß er sich zu seinem Nachteil in ein Gelände begeben hatte, das durch Meer, Gebirge und den mitten hindurchfließenden Fluß Pinaros sehr ungünstig für die Reiterei und vielfach durchschnitten war, während es dem zahlenmäßig unterlegenen Feind einen Vorteil bot. Dem Alexander hatte nun zwar das Glück einen solchen Kampfplatz beschert, aber sein strategisches Talent war noch weit mehr ausschlaggebend für den Sieg als dieser Vorteil, den ihm das Glück bot.[51] Denn obwohl er zahlenmäßig den Barbaren unterlegen war, bot er ihnen keine Möglichkeit zur Einkreisung, er dehnte vielmehr seinen rechten Flügel über ihren linken aus, fiel ihnen in die Flanke und schlug die ihm gegenüber aufgestellten Barbaren in die Flucht. Er selbst kämpfte dabei in vorderster Front und trug daher eine Wunde am Schenkel durch einen Schwerthieb davon, und zwar, wie Chares[52] berichtet, von Dareios selber, denn sie seien miteinander in einen Zweikampf geraten. Alexander aber erwähnt in seinem Kriegsbericht an Antipater nicht, von wem die Wunde stammte, er teilte nur mit, daß er durch einen Schwerthieb am Schenkel verwundet worden sei, die Wunde habe aber keine schlimmen Folgen gehabt. Er errang einen glänzenden Sieg und tötete von den Feinden über 110000 Mann, den Dareios aber holte er nicht ein, da dieser auf der Flucht einen Vorsprung von 4 bis 5 Stadien hatte, seinen Wagen und seinen Bogen aber erbeutete er und kehrte dann um. Er fand die Makedonen damit beschäftigt, die Schätze aus dem Lager der Barbaren fortzuschleppen, die in reichster Fülle vorhanden waren, obwohl die Perser nur mit leichtem Gepäck in die Schlacht gezogen waren und den größten Teil des Trosses in Damaskos zurückgelassen hatten. Das Zelt des Dareios hatte man für Alexander aufgehoben, es war voll auserlesener Dienerschaft und Ausstattung sowie voll reicher Schätze. Er legte nun sogleich die Rüstung ab, ging zum Bad und sagte dabei: »Gehen wir, den Schweiß der Schlacht im Bade des Dareios abzuwaschen.« Einer seiner Vertrauten aber meinte: »Nein, vielmehr in dem Bad Alexanders, denn der Besitz des Besiegten muß dem Sieger gehören, und nach ihm muß man ihn auch benennen.« Als Alexander die Gefäße im Bad, die Wasserkrüge und Salbenfläschchen sah – alles aus Gold und kunstreich gearbeitet –, den köstlichen Duft im Raum einatmete wie von den edelsten Gewürzen und Essenzen und als er dann in das Zelt selber trat, das durch seine Höhe und Größe und den Prunk der Betten, Tische und des Tafelgeschirrs Bewunderung erregte, sah er seine Freunde bedeutungsvoll an und sagte: »Das war also wohl sein Königtum!«

21. Er wollte sich gerade zur Mahlzeit niederlassen, da meldete man ihm, unter den Gefangenen befänden sich auch die Mutter und die Gattin des Dareios sowie seine zwei jungen Töchter. Diese seien beim Anblick des Wagens und des Bogens in Weinen und Wehklagen ausgebrochen, da sie glaubten, Dareios sei tot. Eine Zeitlang verharrte Alexander in Schweigen, das Schicksal der Frauen beschäftigte ihn mehr als sein eigenes. Dann schickte er den Leonnatos zu ihnen mit der Botschaft, Dareios sei noch am Leben, und sie brauchten keine Angst vor Alexander zu haben. Nur mit Dareios führe er Krieg um die Herrschaft, ihnen aber werde alles zu Gebote stehen, wie sie es ihrem Rang nach unter Dareios als König hätten beanspruchen können. Durch diese Botschaft erschien er den Frauen schon freundlich und edelmütig, aber noch weit mehr durch die großmütige Art, mit der er sie während ihrer Gefangenschaft behandelte. Er gestattete ihnen, so viele Perser begraben zu lassen, wie sie wollten, und dazu Gewänder und Schmuck aus der Beute zu nehmen. Von der Dienerschaft und der ehrenvollen Aufwartung, die sie gewohnt waren, entzog er ihnen nicht das geringste, sie erhielten im Gegenteil noch höhere Einkünfte zugewiesen als früher. Der schönste und königlichste Gnadenerweis, den er den edlen, tugendhaften Frauen, die nun Gefangene geworden waren, zuteil werden ließ, war aber, daß sie keinerlei Ehrenkränkung weder hören noch argwöhnen oder befürchten mußten. Sie durften vielmehr ein Leben für sich, keinem unbefugten Auge zugänglich, führen, gerade als ob sie nicht in einem feindlichen Heerlager, sondern streng behütet in einer geweihten, unantastbaren Wohnstätte von Jungfrauen lebten. Dabei heißt es, die Gemahlin des Dareios habe an Schönheit alle anderen königlichen Frauen bei weitem übertroffen, wie auch Dareios selber an Schönheit und Körpergröße alle Männer überragte, und die Töchter seien das Abbild dieser Eltern gewesen. Aber Alexander hielt offenbar den Sieg über sich selber für königlicher als den über die Feinde, er rührte jedenfalls keine dieser Frauen an, noch hatte er überhaupt eine andere Frau vor seiner Heirat, mit Ausnahme der Barsine. Diese war die Witwe des Memnon und wurde bei Damaskos gefangengenommen. Sie wurde von Alexander seiner Liebe gewürdigt, denn sie war griechisch erzogen, hatte einen edlen Charakter, und ihr Vater war Artabazos, der Sohn einer Königstochter. Parmenion hatte Alexander nach der Darstellung des Aristobulos noch dazu ermuntert, sich mit einer so schönen und edlen Frau zu verbinden. Beim Anblick der übrigen gefangenen Frauen, die alle besonders schön und stattlich waren, sagte Alexander im Scherz, es schmerzten einem ordentlich die Augen beim Anblick der Perserinnen. Um aber der Schönheit ihrer Erscheinung den Adel seiner Mäßigung und Selbstbeherrschung gegenüberzustellen, ließ er sie wie leblose Statuen an sich vorüberziehen.

22. Einmal schrieb ihm Philoxenos, der Befehlshaber der Küstentruppen, ein gewisser Theodoros aus Tarent sei bei ihm, der zwei ausnehmend schöne Knaben zu verkaufen habe, und fragte an, ob Alexander sie kaufen wolle. Dieser nahm das sehr übel auf und rief mehr als einmal seinen Freunden zu: »Welche Schändlichkeit hat denn dieser Philoxenos jemals bei mir entdeckt, daß er sich erdreistet, für mich solche Schandkerle auftreiben zu wollen!« Dem Philoxenos selber machte er brieflich allerhand Vorwürfe und hieß ihn, den Theodoros samt seinem Angebot zum Henker zu schicken. Ebenso grob ließ er auch den Hagnon abfahren, der ihm schrieb, er wolle den Krobylos, einen vielbewunderten Knaben aus Korinth, kaufen und zu ihm bringen. Als er erfuhr, daß Damon und Timotheos, zwei Makedonen aus dem Heer des Parmenion, die Frauen einiger Söldner vergewaltigt hätten, schickte er dem Parmenion einen Brief mit dem Befehl, die beiden, wenn sie der Tat überführt seien, als wilde Tiere, die nur zum Schaden der menschlichen Gesellschaft da seien, mit dem Tode zu bestrafen. Von sich selber sagt er in diesem Brief wörtlich: »Was mich betrifft, so wird man feststellen können, daß ich es nicht einmal geduldet habe, wenn andere die Schönheit der Gemahlin des Dareios priesen, geschweige denn, daß ich sie mir betrachtet oder den Wunsch dazu gehabt hätte.«

Er pflegte auch zu sagen, Schlaf und Liebe lehrten ihn am eindringlichsten, daß er ein sterblicher Mensch sei, denn Ermüden und Genießen entsprängen aus derselben Schwäche der menschlichen Natur.

Auch im Essen war er äußerst mäßig, dies zeigte sich neben vielem anderen besonders in seiner Antwort an Ada, der er den Titel einer Mutter und die Herrschaft über Karien verliehen hatte.[53] Sie schickte ihm nämlich, da sie ihm sehr zugetan war, Tag für Tag eine Menge feiner Speisen und Leckerbissen, schließlich sogar die besten Köche und Bäcker. Daraufhin ließ er ihr sagen, er brauche diese Leute nicht, er habe nämlich viel bessere Köche, die ihm sein Erzieher Leonidas gegeben habe: für das Frühstück einen nächtlichen Marsch und für das Abendessen ein mageres Frühmahl. »Der gleiche Mann«, fuhr er fort, »ging umher und öffnete meine Bettkästen und Kleiderschränke, um nachzusehen, ob mir die Mutter irgendeine Leckerei oder sonst etwas Überflüssiges zugesteckt hätte.«

23. Auch dem Wein war er nicht so zugetan, wie man allgemein annimmt. Es hatte nur diesen Anschein, weil er so lange Zeit dabei verweilte, aber er verbrachte diese

Zeit nicht so sehr mit Trinken als vielmehr mit Plaudern, da er bei jedem Becher immer eine lange Unterhaltung anfing, und dies zumal, wenn er Muße hatte. Galt es aber zu handeln, dann hielten ihn weder Wein noch Schlaf, keine Vergnügung, kein Hochzeitsfest und kein Schauspiel ab, wie es bei so manchen anderen Feldherrn der Fall ist. Das beweist sein ganzes Leben, das er, so kurz es war, ganz und gar ausgefüllt hatte mit einer Vielzahl von außerordentlichen Taten. Hatte er freie Zeit, so stand er auf, opferte den Göttern und nahm im Sitzen sein Frühstück ein. Dann verbrachte er den Tag damit, auf die Jagd zu gehen oder Gerichtsfälle zu entscheiden, militärische Angelegenheiten zu regeln oder zu lesen. Mußte er einen Weg zurücklegen, bei dem es nicht eilte, so übte er sich unterwegs im Bogenschießen oder darin, auf einen fahrenden Wagen auf- und wieder abzuspringen. Oft jagte er auch zum Vergnügen Füchse und Vögel, wie aus seinen Tagebuchaufzeichnungen zu entnehmen ist.[54] Nach der Rückkehr begab er sich ins Bad oder zum Salben und fragte die Bediensteten, die die Küche und Bäckerei unter sich hatten, ob alles ordentlich vorbereitet sei zum Abendessen. Die Abendmahlzeit begann er erst spät, wenn es schon dunkel war, und nahm sie im Liegen ein. Erstaunlich war dabei, wie genau und umsichtig er bei der Tafel darauf achtete, daß alles gleichmäßig und sorgfältig verteilt wurde. Das Trinken aber dehnte sich bei ihm, wie gesagt, wegen seiner Freude am Plaudern immer sehr lange aus. Während er sonst der angenehmste Gesellschafter von allen Königen überhaupt war und jede erdenkliche Liebenswürdigkeit zeigte, wirkte er dann durch einen Hang zur Ruhmredigkeit unangenehm und kehrte gar zu sehr den Soldaten heraus, indem er nicht nur selber großsprecherisch auftrat, sondern sich auch hemmungslos seinen Schmeichlern in die Hände gab. Diese brachten nun die Verständigeren unter den Anwesenden in Verlegenheit, denn sie wollten ja weder mit den

Speichelleckern wetteifern noch sich von ihnen in ihren Lobeserhebungen den Rang ablaufen lassen; das eine erschien ihnen ehrlos, das andere aber war gefährlich. Nach dem Trinken badete er und schlief dann oft bis zum Mittag, es kam aber auch vor, daß er den ganzen Tag im Bett zubrachte. Was den Genuß von Leckereien anging, so war er darin so enthaltsam, daß er die seltensten Früchte und Fische, die er oftmals geradewegs vom Meer zugesandt bekam, an seine Freunde verteilte und oft nichts für sich selber zurückbehielt. Seine Tafel war jedoch immer glänzend gedeckt, und der Aufwand wuchs entsprechend seinen großen Erfolgen und stieg so zuletzt auf eine Summe von 10000 Drachmen. Dabei ließ er es aber bewenden, und diese Summe wurde auch als oberste Grenze für Alexanders Gastgeber festgesetzt.

24. Nach der Schlacht von Issos schickte er eine Abteilung Soldaten nach Damaskos und erbeutete die Schätze, das Gepäck und die Frauen und Kinder der Perser. Die größte Beute fiel dabei den thessalischen Reitern zu. Diese Männer, die sich in der Schlacht als besonders tapfere Krieger bewährt hatten, schickte Alexander nämlich mit voller Absicht auf diesen Zug, damit sie reiche Beute machen konnten. Aber auch das übrige Heer füllte das ganze Lager mit erbeuteten Schätzen an. Die Makedonen, die jetzt zum ersten Mal in den Genuß des Goldes und Silbers, der Frauen und der verschwenderischen Lebensweise der Barbaren kamen, waren wie Hunde, die eine Fährte aufgenommen haben, eifrig darauf aus, sie weiterzuverfolgen und den Hauptsitz des persischen Reichtums aufzuspüren.

Alexander war jedoch entschlossen, zuerst seine Machtstellung in den Ländern an der Küste zu festigen. Die Insel Kypros wurde sogleich durch die dortigen Könige übergeben, dazu erfolgte die Übergabe von Phoinikien mit Ausnahme von Tyros. Deshalb belagerte er Tyros sieben Monate lang mit Dammbauten und Belagerungsmaschinen sowie mit 200 Schiffen von der Seeseite her. Während dieser Zeit träumte er, Herakles strecke ihm von der Mauer aus die Hand entgegen und rufe ihn zu sich. Vielen Bewohnern von Tyros dagegen schien es im Traum, als erkläre Apollo, zu Alexander übergehen zu wollen, weil er mit der Haltung von Tyros nicht einverstanden sei. Daher legten die Einwohner Ketten um das Riesenstandbild des Gottes und befestigten es mit Nägeln am Sockel, gerade als ob sie den Gott wie einen Menschen als Überläufer zu den Feinden auf frischer Tat ertappt hätten. Dazu nannten sie ihn Alexandristes, Alexanderanhänger. Alexander aber hatte noch eine andere Traumerscheinung. Ein Satyr schien sich ihm zu zeigen und ihn aus einiger Entfernung zu necken, als er aber nach ihm greifen wollte, lief er davon. Schließlich jedoch, nach vielem Bitten und Herumlaufen, ließ er sich fangen. Die Wahrsager zerlegten nun das Wort in Sa Tyros und kamen so auf die recht einleuchtende Deutung: Tyros wird dein sein. Man zeigt auch noch eine Quelle, bei der Alexander den Satyr im Traum gesehen haben soll.

Während der Belagerung unternahm er einen Kriegszug gegen die Araber am Antilibanon und kam dabei durch seinen Erzieher Lysimachos in große Gefahr. Dieser war ihm nämlich mit der Begründung gefolgt, er sei weder schwächer noch älter als Phoinix.[55] Als Alexander sich nun dem Gebirge näherte, ließ er die Pferde zurück und marschierte zu Fuß weiter. Die Soldaten rückten weiter vor, Alexander aber konnte sich nicht dazu durchringen, den erschöpften Lysimachos, der sich kaum noch auf den Füßen halten konnte, zurückzulassen; es wurde nämlich schon Abend, und die Feinde waren in der Nähe. Er sprach ihm vielmehr Mut zu und suchte ihm weiterzuhelfen, und dabei wurde er, ohne es zu merken, mit nur wenigen Begleitern von seinen Truppen abgeschnitten und mußte die Nacht in Finsternis und grimmiger Kälte auf einem gefährlichen Terrain zubringen. In der Ferne sah er zahlreiche Wachtfeuer der Feinde, über die Gegend verstreut, brennen. Im Vertrauen auf seine körperliche Gewandtheit und gewohnt, stets durch persönlichen Einsatz den Kampfgeist seiner Soldaten zu stärken, lief er vor zu dem nächsten Feuer. Er stieß zwei am Feuer sitzende Barbaren mit dem Schwert nieder, entriß ihnen einen Feuerbrand und brachte ihn zu seinen Begleitern zurück. Diese entfachten nun ein hochauflodерndes Feuer und versetzten dadurch sogleich einem Teil der Feinde einen solchen Schrecken, daß sie die Flucht ergriffen. Die anderen, die einen Angriff wagten, schlugen sie zurück und verbrachten die Nacht nun ohne Gefahr. So lautet der Bericht des Chares.

25. Die Belagerung fand auf folgende Weise ihr Ende. Alexander ließ sein Hauptkontingent von den bisherigen Strapazen ausruhen und bestimmte nur eine kleinere Abteilung, um dem Feind keine Erholungspause zu gönnen, zum Sturm auf die Mauern. Währenddessen brachte der Seher Aristandros ein Opfer dar, und nach der Opferschau erklärte er den Anwesenden mit Bestimmtheit, die Stadt werde noch in diesem Monat erobert werden. Darauf gab es Spott und Gelächter, es war nämlich schon der Letzte des Monats. Der König, der den Seher in ziemlicher Verlegenheit sah und immer bestrebt war, sich im Einklang mit der Weissagekunst zu befinden, gab den Befehl, diesen Tag nicht als den 30., sondern als den 28. des Monats zu zählen. Er ließ die Trompeter zum Angriff blasen und unternahm einen härteren Angriff auf die Mauern, als er ursprünglich beabsichtigt hatte. Bei diesem starken Ansturm, bei dem auch die Truppen im Lager nicht unbeteiligt blieben, sondern Aufstellung nahmen und zur Hilfeleistung ausrückten, gaben die Tyrer ihre Gegenwehr auf, und Alexander nahm die Stadt noch an diesem Tag ein. Anschließend belagerte er Gaza, die größte Stadt Syriens. Dabei fiel ihm ein Erdbrocken auf die Schulter, den ein Vogel in der Luft hatte fallen lassen.

Der Vogel ließ sich dann auf einer der Belagerungsmaschinen nieder und verwickelte sich unversehens in dem Tauwerk, das man zum Anziehen der Spannseile benutzte. Das Vorzeichen bewahrheitete sich, wie es Aristandros gedeutet hatte: Alexander wurde an der Schulter verwundet, eroberte aber die Stadt. Er schickte einen großen Teil der Beute an Olympias und Kleopatra[56] sowie an seine Freunde, seinem Erzieher Leonidas aber übersandte er 500 Talente Weihrauch und 100 Talente Myrrhen in Erinnerung an eine Hoffnung aus seiner Kindheit. Leonidas hatte nämlich einmal bei einem Opfer, als Alexander mit beiden Händen Räucherwerk nahm und ins Feuer warf, zu ihm gesagt: »Wenn du einmal das Weihrauchland erobert hast, Alexander, dann kannst du so reichlich Räucherwerk spenden, jetzt aber geh sparsam um mit dem, was da ist.« Jetzt schrieb Alexander an ihn: »Ich habe einen reichen Vorrat von Weihrauch und Myrrhen an dich abgeschickt, damit du endlich aufhörst, den Göttern gegenüber den Geizigen zu spielen.«

26. Man brachte ihm einmal ein Kästchen, das denen, die die Schätze und das Gepäck des Dareios zu registrieren hatten, als das kostbarste Stück erschien. Da fragte er seine Freunde, was ihrer Meinung nach am ehesten einen Platz in diesem Kästchen verdiene. Die einen rieten dies, die anderen das, und da entschied er selber, er wolle die *Ilias* darin aufbewahren. Das haben nicht wenige glaubwürdige Schriftsteller bezeugt. Wenn auch das stimmt, was die Alexandriner erzählen, die sich dabei auf das Zeugnis des Herakleides[57] stützen, so ist Homer für ihn ganz offensichtlich kein müßiger und unnützer Feldzugsgenosse gewesen. Sie berichten nämlich, Alexander habe nach der Eroberung Ägyptens eine große und reichbevölkerte Stadt gründen und ihr seinen Namen geben wollen, und er hatte nach den Plänen der Architekten das Gelände dafür schon so gut wie abmessen und eingren-

zen lassen. Da hatte er nachts im Schlaf ein wundersames Traumbild. Es war ihm, als trete ein grauhaariger Mann von würdiger Erscheinung vor ihn hin und spreche die folgenden Verse:[58]

> Eine der Inseln liegt im wogenstürmenden Meere
> Vor des Aigyptos Strome, die Menschen nennen sie Pharos.

Sofort stand er auf und begab sich nach Pharos, das damals noch eine Insel war, ein wenig oberhalb der Kanobischen Nilmündung. Heute ist es durch einen Damm mit dem Festland verbunden. Als er nun die außerordentlich günstige Lage sah – es ist nämlich ein schmaler Landstrich, der in Form eines verhältnismäßig breiten Isthmos einen weiten See und das in einen großen Hafen auslaufende Meer zweckentsprechend voneinander trennt –, sagte er, Homer sei einfach in allem zu bewundern, er sei auch noch ein äußerst kluger Baumeister. Und er ordnete an, einen an das Gelände angepaßten Grundriß der künftigen Stadt zu zeichnen. Weiße Kreide hatte man nicht da, deshalb nahm man Mehl und beschrieb damit auf dem dunklen ebenen Boden einen Kreisbogen, dessen innere Fläche zwei gerade gegeneinander laufende Grundlinien, wie bei einem Kriegsmantel von den Säumen ausgehend, in gleich große Teile teilten. Der König war sehr erfreut über diese Skizze, als sich plötzlich vom Fluß und dem See her ein riesiger Schwarm von Vögeln aller möglichen Arten und Größen wie eine Wolke auf den Platz niedersenkte und von dem Mehl nicht das geringste Stäubchen übrigließ. Alexander zeigte sich über das Vorzeichen bestürzt, aber die Seher hießen ihn, guten Mutes zu sein. Sie erklärten, er werde eine Stadt gründen, die vielen Menschen Raum geben und Leuten von überall her Nahrung und Brot bieten werde. Daraufhin gab er den dafür Zuständigen die Weisung, die Stadtgründung eifrig weiter zu betreiben.

Er selber aber unternahm einen Zug zum Orakel des Ammon. Der Weg dorthin war weit, voller Mühsal und Beschwerden und in zweifacher Hinsicht sehr gefahrvoll. Einmal gibt es kaum Wasser dort, wodurch das Land mehrere Tagereisen weit zur Wüste wird, und dann besteht die Gefahr, daß ein heftiger Südsturm die Reisenden im tiefen, unwegsamen Sand überfällt. Ein solcher Sandsturm soll den Berichten zufolge einstmals das Heer des Kambyses mit 50000 Mann überschüttet und vernichtet haben, indem der Sturm hohe Sanddünen aufwarf und die ganze Ebene mit Sandwellen bedeckte.[59] Diese Gefahren standen nahezu jedermann vor Augen, aber Alexander von einem einmal gefaßten Plan abzubringen war so gut wie unmöglich. Denn da das Glück seine Unternehmungen immer begünstigte, verlieh es seinen Entschlüssen die innere Sicherheit, und sein feuriger Tatendrang trieb ihn in seiner Ruhmbegierde bis zum Äußersten, so daß er, im Glauben, unbesiegbar zu sein, sogar Raum und Zeit sich untertan machen wollte.

27. Bei diesem Zug damals fand jedenfalls die Hilfe, die Alexander in seinen Nöten zuteil wurde, in ihrem göttlichen Ursprung mehr Glauben als die späteren Orakel, man glaubte gewissermaßen dieser Hilfe wegen dann an die Orakel. Denn zunächst sandte der Himmel starken, anhaltenden Regen. Er bannte die Gefahr des Verdurstens und kühlte den trockenheißen Sand ab, der angefeuchtet wurde und dadurch eine fest zusammenhängende Masse bildete. Als Folge davon wurde auch die Luft reiner und besser zum Atmen. Ferner waren zwar die Wegemarkierungen, nach denen sich die Führer zu richten pflegten, verschüttet, und die Karawane zog daher in ihrer Unkenntnis ziellos umher und zerstreute sich, aber plötzlich erschienen Raben und übernahmen die Führung des Zuges. Sie flogen rasch voraus, wenn die Reisenden folgten, warteten aber, wenn diese zurückblieben und langsamer wurden. Das Wunderbarste dabei

aber war folgendes, wie Kallisthenes berichtet:[60] Durch ihr Schreien und Krächzen riefen sie in der Nacht die Verirrten auf den rechten Weg zurück.
Nach dem Marsch durch die Wüste kam Alexander endlich an dem Orakelort an, und der Oberpriester des Ammon hieß ihn im Namen des Gottes als seines Vaters willkommen. Alexander aber richtete die Frage an ihn, ob keiner der Mörder seines Vaters seiner Strafe entgangen sei. Der Oberpriester hieß ihn darauf, sorgfältiger in der Wahl seiner Worte zu sein, er habe keinen sterblichen Vater. Da drückte sich Alexander anders aus, er fragte, ob alle Mörder Philipps ihre Strafe gefunden hätten. Dann fragte er nach der Herrschaft, ob der Gott es ihm gewähre, Herrscher über alle Menschen zu sein. Der Gott gab zur Antwort, dies werde ihm zuteil werden, und Philipp habe ausreichende Sühne erhalten. Darauf brachte Alexander dem Gott herrliche Weihgeschenke dar und beschenkte die Menschen dort mit Geld.
So lauten die meisten Berichte über die Orakel. Alexander selbst schreibt in einem Brief an seine Mutter, er habe einige geheime Weissagungen erhalten, die er ihr ganz allein bei seiner Rückkehr mitteilen wolle. Einige berichten hingegen, der Oberpriester habe Alexander auf griechisch mit der freundlichen Anrede »Liebes Kind« begrüßen wollen, habe sich aber als Nichtgrieche mit dem s vertan, indem er ein s statt eines n gebrauchte und so gesagt hätte: »O Paidios«[61], und dieser Lapsus sei Alexander sehr willkommen gewesen; es habe sich daraufhin das Gerücht verbreitet, Alexander sei von dem Gott als Sohn des Zeus angeredet worden. Es heißt auch, Alexander habe in Ägypten den Philosophen Psammon gehört, und von dessen Vortrag habe der Satz seine besondere Billigung gefunden, daß alle Menschen vom Gott regiert würden, denn das herrschende und leitende Prinzip in jedem Menschen sei göttlichen Ursprungs. Er habe diesen philosophischen Gedanken noch weiter ausgespon-

nen und gesagt, Gott sei zwar der gemeinsame Vater aller Menschen, aber er mache doch die Besten zu seinen eigentlichen Kindern.

28. Im allgemeinen trat er den Barbaren sehr stolz gegenüber und ganz durchdrungen von seiner göttlichen Abkunft und Gotteskindschaft, bei den Griechen aber zeigte er mehr Maß und Zurückhaltung in seinem Anspruch auf Göttlichkeit. Nur einmal schrieb er wegen Samos an die Athener: »Ich für meine Person hätte euch ja diese freie und ruhmreiche Stadt nicht gegeben. Nun behaltet sie aber, ihr habt sie ja von dem damaligen Herrscher erhalten, den man meinen Vater nennt«, womit er den Philipp meinte. Als er aber später von einem Pfeil getroffen und verwundet war und heftige Schmerzen litt, sagte er: »Was da fließt, ist Blut und nicht

Saft, wie er lauter fließt in den Adern der seligen Götter[62].«

Als es einmal gewaltig donnerte und alle erschrocken waren, sagte der gerade anwesende Philosoph Anaxarchos zu Alexander: »Das war doch nicht etwa dein Werk, Sohn des Zeus?« Und Alexander antwortete lachend: »Nein, ich will meinen Freunden keine Furcht einjagen, wie du das von mir gerne hättest. Denn du machst geringschätzige Bemerkungen über meine Tafel, weil du auf den Tischen Fische und keine Köpfe von Satrapen siehst.« Tatsächlich soll sich Anaxarchos einmal, als der König dem Hephaistion ein Gericht kleiner Fische zugesandt hatte, in der erwähnten Weise darüber geäußert haben. Er wollte damit Hohn und Spott über diejenigen ausgießen, die unter ungeheuren Mühen und Gefahren glänzendem Ruhm nachjagen, aber anderen im Vergnügen oder Genuß wenig oder gar nichts voraushaben. Jedenfalls ist aus dem hier Berichteten der sichere Schluß zu ziehen, daß Alexander im Grunde von seiner Göttlichkeit weder überzeugt noch gar verblendet war, sondern sich durch den Ruf davon lediglich eine größere Macht über die anderen verschaffen wollte.

29. Er kehrte nun von Ägypten nach Phoinikien zurück und hielt zu Ehren der Götter Opferfeste und Prozessionen ab sowie Wettkämpfe in dithyrambischer und tragischer Dichtung, bei denen nicht nur in der Ausstattung, sondern auch durch den dabei bewiesenen Wetteifer großer Glanz entfaltet wurde. Denn als Ausstatter der Aufführungen traten die Könige von Kypros auf (wie in Athen diejenigen, die in den einzelnen Phylen durchs Los bestimmt werden) und zeigten einen staunenswerten Ehrgeiz, einander zu übertreffen. Besonders taten sich Nikokreon von Salamis und Pasikrates von Soloi hervor. Sie hatten nämlich durchs Los den Auftrag erhalten, die berühmtesten Schauspieler auszustatten, Pasikrates den Athenodoros, Nikokreon den Thessalos, den Alexander selber ganz besonders schätzte. Er zeigte seine Vorliebe für ihn aber nicht eher, als bis Athenodoros durch Abstimmung zum Sieger erklärt worden war. Erst dann, so heißt es, sagte er beim Weggehen, er erkenne zwar das Urteil der Schiedsrichter an, er hätte aber gerne einen Teil seines Reiches dafür hingegeben, den Thessalos nicht besiegt zu sehen. Athenodoros wurde nun von den Athenern mit einer Geldbuße belegt, weil er bei den Aufführungen der Großen Dionysien nicht mitgewirkt habe, und er bat den König, in seiner Angelegenheit an die Athener zu schreiben. Dieser tat das zwar nicht, er zahlte aber die Geldbuße und sandte sie hin. Als einmal Lykon aus Skarphe, der unter großem Beifall im Theater auftrat, in seine Komödie einen Vers einfügte, der eine Bitte um 10 Talente enthielt, lachte der König und gab sie ihm. Mittlerweile sandte Dareios einige Vertraute mit einem Brief an ihn, der die Vorschläge enthielt, Alexander solle 10000 Talente als Lösegeld für die Gefangenen nehmen, das gesamte Land bis zum Euphrat erhalten, sich mit einer von Dareios' Töchtern vermählen und sein Freund

und Bundesgenosse sein. Alexander legte diese Vorschläge seinen Freunden zur Beratung vor, und Parmenion erklärte: »Wenn ich Alexander wäre, ich würde das annehmen.« »Ja, wahrhaftig«, erwiderte Alexander, »ich auch, wenn ich Parmenion wäre.« An Dareios schrieb er, dieser werde mit der allerfreundlichsten Aufnahme rechnen können, falls er zu ihm käme, andernfalls werde er nun aber gegen ihn vorrücken.

30. Doch dieses Schreiben reute ihn sehr bald, denn die Gemahlin des Dareios starb bei der Geburt eines Kindes, und er zeigte ganz offen, daß es ihm leidtat, eine so schöne Gelegenheit verloren zu haben, seine Großmut zu beweisen. Er ließ die Tote mit allem erdenklichen Aufwand bestatten. Einem der Eunuchen und Haremswächter, Tireos mit Namen, der zugleich mit den Frauen in Gefangenschaft geraten war, gelang die Flucht aus dem Lager. Er ritt zu Dareios und meldete ihm den Tod seiner Gemahlin. Dieser schlug sich vor den Kopf und rief unter Tränen aus: »Weh, was für ein böser Geist verfolgt die Perser, daß die Gemahlin und Schwester des Königs nicht nur lebend in Gefangenschaft gerät, sondern auch noch im Tode daliegt ohne ein königliches Begräbnis[63]!« Da unterbrach ihn der Haremswächter: »Was das Begräbnis betrifft, o König, alle Ehrungen und alles, was ihr zustand, so hast du keinen Grund, den bösen Geist der Perser anzuklagen. Denn der Herrin Stateira hat, solange sie lebte, ebensowenig wie deiner Mutter und deinen Kindern irgend etwas von ihren früheren Auszeichnungen und Ehrenrechten gefehlt – außer daß sie dein Licht nicht sehen konnten, das der allmächtige Oromasdes[64] wieder hell möge leuchten lassen –, noch hat sie im Tode irgendeine schmückende Gabe entbehren müssen, vielmehr haben die Feinde sie mit Tränen geehrt. Denn Alexander ist ebenso edel im Sieg, wie er furchtbar ist im Kampf.«

Als Dareios dies hörte, verführten ihn Schmerz und Sinnesverwirrung zu einem abwegigen Argwohn. Er führte den Eunuchen ins Innere des Zeltes und sagte zu ihm: »Falls du nicht auch zugleich mit dem Glück der Perser zu den Makedonen übergegangen bist, sondern wenn ich noch Dareios, dein Herr, bin, dann sage mir – ich beschwöre dich beim strahlenden Licht des Mithras und bei der königlichen Rechten –, beweine ich nicht vielleicht das geringste Übel am unglückseligen Schicksal der Stateira? Haben wir nicht vielleicht Beklagenswerteres erlitten, während sie noch lebte, und hätten wir nicht eher einen unserer Würde entsprechenden Grund zum Trauern gehabt, wenn wir einem rohen und unmenschlichen Gegner in die Hände geraten wären? Denn was kann ein junger Mann für einen anständigen Beweggrund haben, die Frau seines Feindes mit solch außerordentlichen Ehren zu umgeben?« Während er noch so sprach, warf sich Tireos zu seinen Füßen nieder und flehte ihn an, seine Worte wohl zu wählen und weder Alexander Unrecht zu tun, noch seine Schwester und Gemahlin im Tode zu beschimpfen. Auch solle er sich selber doch nicht des größten Trostes berauben in all dem Unglück, das ihn betroffen habe, nämlich der Gewißheit, von einem Mann überwunden zu sein, der erhaben sei über die Menschennatur. Vielmehr solle er Alexander Bewunderung zollen, weil dessen Selbstbeherrschung den Perserinnen gegenüber noch größer gewesen sei als seine Tapferkeit gegen die Perser. Der Haremswächter beteuerte die Wahrheit seiner Worte mit gräßlichen Selbstverwünschungen und erzählte noch vieles andere, das Alexanders Zurückhaltung und seinen hochherzigen Sinn bewies. Da ging Dareios hinaus zu seinen Freunden, hob die Hände empor zum Himmel und betete: »Ihr Götter meines Geschlechts, Wahrer meiner Königswürde, möget ihr mir meinen größten Wunsch erfüllen, das Glück der Perser neu zu begründen und es in der Machtfülle zu hinterlassen, in der ich es übernommen habe, damit ich als Sieger

Alexander die großmütigen Taten vergelten kann, die er mir in meinem Unglück an meinen Lieben erwiesen hat! Sollte nun aber die Schicksalsstunde herannahen, die dem Gesetz der Vergeltung und dem ewigen Wechsel der Dinge Rechnung trägt, die Stunde, die der Perserherrschaft ein Ende setzen wird – dann soll kein anderer Mensch auf der Welt auf dem Throne des Kyros[65] sitzen als Alexander!« So werden die Ereignisse und das, was dabei gesagt wurde, bei den meisten Geschichtsschreibern dargestellt.

31. Alexander unterwarf sich nun alle Länder diesseits des Euphrat und zog dann Dareios entgegen, der mit einem Heer von einer Million Mann im Anmarsch war. Unterwegs erzählte einer seiner Freunde Alexander folgendes gleichsam als einen lustigen Spaß: Die Leute vom Troß hätten sich nämlich zum Scherz in zwei Parteien geteilt, jede mit einem Feldherrn und Führer, und den einen hätten sie Alexander, den anderen Dareios genannt. Sie hätten nun angefangen, einander mit Erdklumpen zu bewerfen, dann hätten sie die Fäuste benutzt, und schließlich seien sie in ihrer Kampflust mit Steinen und Knüppeln aufeinander losgegangen, und es seien so viele geworden, die man kaum mehr auseinanderbringen konnte. Als Alexander dies hörte, befahl er, die beiden Führer sollten zum Zweikampf antreten. Den sogenannten Alexander bewaffnete er selber, Philotas den Dareios. Die Soldaten sahen dem Kampf zu, sie wollten den Ausgang als ein Vorzeichen für das Kommende ansehen. Nach erbittertem Kampf siegte der sogenannte Alexander und erhielt als Geschenk 12 Dörfer und die Erlaubnis, persische Kleidung zu tragen. So hat es Eratosthenes berichtet.

Die große Schlacht gegen Dareios hat nicht bei Arbela, wie die meisten schreiben, sondern bei Gaugamela stattgefunden.[66] Der Name soll »Haus des Kamels« bedeuten, weil einer der früheren Könige, der auf einem schnellen

Kamel seinen Feinden entronnen war, es hierhergebracht und einige Dörfer mit ihren Einkünften zu seiner Verpflegung bestimmt hatte.[67] Im Monat Boëdromion zu Beginn der Mysterienfeier in Athen gab es eine Mondfinsternis,[68] und als in der elften Nacht danach die Heere in Sichtweite aneinander herangekommen waren, ließ Dareios seine Truppen unter Waffen in Bereitschaft stehen und musterte die Abteilungen im Scheine von Fackeln. Alexander aber ließ die Makedonen sich lagern und hielt sich mit dem Seher Aristandros vor seinem Zelt auf, vollzog geheime Riten und brachte dem Phobos[69] ein Opfer dar. Als man nun die ganze Ebene zwischen dem Niphates und den Bergen der Gordyaier von den Wachtfeuern der Barbaren erhellt sah und ein unbestimmbares verworrenes Stimmengeräusch und Getöse vom Lager her wie von einem unendlichen Meer herüberschallte, geriet man in Staunen über die Masse der Feinde, und die Älteren von Alexanders Vertrauten und besonders Parmenion beschäftigten sich im Gespräch mit der Überlegung, wie schwierig und gefährlich es sei, solch ungeheure Heeresmassen in offener Feldschlacht zu besiegen. Als der König mit seinem Opfer fertig war, traten sie an ihn heran und rieten ihm, jetzt in der Nacht die Feinde zu überfallen und so die größte Gefahr bei dem bevorstehenden Kampf durch die Dunkelheit zu bannen.[70] Alexander aber sprach sein berühmtes Wort: »Ich will den Sieg nicht stehlen!« Diese Antwort erschien manchen kindisch und töricht, als ein Scherz angesichts einer so großen Gefahr, andere aber sind der Meinung, seine Zuversicht in der gegenwärtigen Lage sei ebenso berechtigt gewesen wie seine Beurteilung der Zukunft, denn er habe Dareios nach einer erneuten Niederlage keinen Vorwand mehr an die Hand geben wollen, abermals sich aufzuraffen und zu einer Schlacht zu rüsten. Dieser hätte nämlich dann die Schuld daran auf die Nacht und die Dunkelheit geschoben, wie beim letzten Mal auf die Berge, die Engpässe und das Meer. Denn weder Mangel an Waffen noch an Soldaten würden Dareios jemals dazu veranlassen, den Krieg aufzugeben, da er ja über ein derart riesiges Kriegspotential und ein so ungeheuer großes Reich verfüge; er würde vielmehr nur dann endgültig die Segel streichen, wenn er durch eine eindeutige Niederlage in offener Feldschlacht zur Einsicht gebracht würde.

32. Als ihn seine Vertrauten verlassen hatten, legte sich Alexander in seinem Zelt zum Schlafen nieder und soll den Rest der Nacht wider seine Gewohnheit so tief geschlafen haben, daß die Offiziere, die am Morgen kamen, sehr verwundert zunächst einmal von sich aus den Befehl ausgaben, die Soldaten sollten frühstücken. Als nun die Zeit drängte, ging Parmenion hinein, trat ans Bett und rief Alexander zwei- oder dreimal mit Namen. Als er davon erwacht war, fragte er ihn, was denn mit ihm sei, daß er den Schlaf des Siegers schlafe, als ob ihm nicht der größte Kampf noch bevorstehe. Alexander aber lächelte und gab zur Antwort: »Ja, was denn? Glaubst du nicht, daß wir schon gesiegt haben? Wir haben es doch endlich hinter uns, dauernd marschieren und dem Dareios, der ständig der Schlacht ausweicht, in diesem riesigen, verwüsteten Land auf den Fersen bleiben zu müssen!«

Aber nicht nur vor der Schlacht, sondern auch im Augenblick der Gefahr selbst erwies er sich als groß und unerschütterlich durch seine Geistesgegenwart und Kühnheit. In der Schlacht nämlich begann der linke Flügel unter Parmenion zu wanken und zurückzuweichen, denn die baktrische Reiterei brach mit ungestümer Wucht in gewaltsamem Stoß in die Makedonen ein, und Mazaios schickte gleichzeitig eine berittene Abteilung außen um die Phalanx herum, um die Lagerbedeckung anzugreifen.[71] Diese Gefahr von zwei Seiten versetzte Parmenion in Besorgnis, er schickte Botschaft an Alexander, Lager und Gepäck seien verloren, wenn dieser nicht auf der Stelle von der vorderen Front eine starke Abteilung zum Schutze seiner Leute hinter der Linie absende. Alexander war gerade dabei, seinem Flügel das Zeichen zum Angriff zu geben. Als er die Botschaft hörte, antwortete er, Parmenion sei wohl nicht recht bei Trost und habe seine fünf Sinne nicht mehr beisammen, er habe wohl in der Bestürzung vergessen, daß sie als Sieger auch noch die Habe der Feinde bekommen würden. Im Falle einer Niederlage aber hätten sie sich weder um Habseligkeiten noch um Sklaven zu kümmern, sondern einzig und allein darum, in tapferem, ruhmvollem Kampf zu fallen. Dies ließ er Parmenion melden und setzte sich den Helm auf. Die übrige Rüstung hatte er bereits im Zelt angelegt, einen gegürteten Waffenrock, eine sizilische Arbeit, darüber einen doppelten Leinenpanzer aus der Beute von Issos. Der Helm war aus Eisen, er glänzte aber wie lauteres Silber, er war ein Werk des Theophilos. Darangearbeitet war ein Halskragen, ebenfalls aus Eisen, mit eingelegten Edelsteinen. Sein Schwert war ganz besonders gehärtet und dabei sehr leicht, ein Geschenk des Königs von Kition; das Schwert war nämlich Alexanders Hauptwaffe im Kampf. Außerdem trug er noch einen mit einer Spange befestigten Umhang, der weitaus kostbarer war als seine übrige Rüstung, ein Werk des alten Helikon, eine Ehrengabe der Stadt Rhodos. Auch diesen Umhang trug er gewöhnlich in der Schlacht. Solange er die Phalanx in Schlachtordnung aufstellte, Ermunterungen und Instruktionen gab und die Truppen musterte, ritt er ein anderes Pferd und schonte den Bukephalos, der schon alt war. Sobald es aber in den Kampf ging, wurde dieser vorgeführt, Alexander saß um und eröffnete sogleich den Angriff.

33. Jetzt hielt er noch eine längere Ansprache an die Thessalier und die übrigen Griechen, und als sie ihm mit lautem Geschrei zuriefen, er solle sie gegen die Barbaren führen, faßte er dadurch bestärkt den Speer in die Linke, erhob die Rechte zum Himmel und betete zu den Göt-

tern – so berichtet Kallisthenes –, wenn er wirklich von Zeus selber abstamme, dann sollten sie ihm beistehen und den Griechen mit ihm zugleich Kraft verleihen. Der Seher Aristandros aber, der in einem weißen Gewand mit einem goldenen Kranz auf dem Kopf neben ihm ritt, deutete auf einen Adler, der über dem Haupte Alexanders schwebte und geradewegs in Richtung auf die Feinde zuflog. Als sie das sahen, wurden alle zuversichtlich, und aus dieser Zuversicht heraus faßten sie Mut, ermunterten einander, und die Phalanx folgte im Laufschritt den gegen die Feinde losrückenden Reitern und flutete wie eine Meereswoge heran. Doch bevor noch die vorderste Linie in den Nahkampf geriet, wichen die Barbaren bereits zurück, und es kam zu einer hitzigen Verfolgung, wobei Alexander den besiegten Flügel gegen das Zentrum zu drängen suchte, wo Dareios stand. Er hatte nämlich schon von weitem seine auffallende Erscheinung durch die tiefgestaffelte königliche Garde hindurch erblickt, einen stattlichen Mann von großer Gestalt, der hochaufgerichtet auf seinem Wagen stand, von einer starken berittenen Eskorte in hellschimmernder Rüstung abgeschirmt, die sich dicht um den Wagen herum zusammengeschlossen hatte und den feindlichen Angriff erwartete. Aber als Alexander, der aus der Nähe einen furchteinflößenden Anblick bot, heranrückte und die Fliehenden auf die noch Standhaltenden warf, versetzte er die meisten in Schrecken und trieb sie auseinander. Die Tapfersten und Edelsten aber ließen sich bei der Verteidigung ihres Königs niederhauen, sanken einer über den anderen hin und hielten die Verfolgung auf, indem sie sich noch in Todeszuckungen an die Feinde und ihre Pferde anklammerten. Dareios aber, all dies grauenvolle Geschehen vor Augen, war in Gefahr, von den vor ihm aufgestellten Abteilungen umgerissen zu werden, denn es war schwer möglich, den Wagen zu wenden und wegzufahren, vielmehr waren die Räder eingekeilt von den

Massen der Gefallenen, und die dadurch scheu gewordenen Pferde, an den Platz gebannt und beinahe zugedeckt von Leichenbergen, bäumten sich auf und versetzten auch noch den Gespannführer in Verwirrung. Da ließ Dareios Wagen und Waffen zurück, bestieg, wie man erzählt, eine Stute, die vor kurzer Zeit ein Fohlen bekommen hatte,[72] und wandte sich zur Flucht. Doch wäre er aller Wahrscheinlichkeit nach damals nicht entkommen, wenn nicht abermals Meldereiter von Parmenion mit der Botschaft aufgetaucht wären, auf seinem Flügel stehe der Gegner noch mit einer starken Streitmacht, und die Feinde gäben nicht nach. Überhaupt macht man Parmenion den Vorwurf der Trägheit und mangelnden Einsatzbereitschaft in dieser Schlacht, sei es, daß das Alter sein Draufgängertum schon etwas abgeschwächt hatte oder daß die zunehmende Machtfülle Alexanders und sein selbstherrliches Auftreten für ihn schwer zu ertragen und überdies ein Anlaß zur Mißgunst waren. Der König war jedenfalls sehr unwillig, daß man ihn zur Verstärkung abberief, er sagte aber den Soldaten nicht, worum es ging, sondern ließ zum Rückzug blasen, als sei er nun des Blutvergießens müde, zumal es auch schon dunkel wurde. Während er nun zu dem gefährdeten Flügel ritt, erhielt er unterwegs die Nachricht, der Sieg sei vollständig, und die Feinde hätten die Flucht ergriffen.

34. Mit diesem Ausgang der Schlacht galt die persische Macht als völlig vernichtet. Alexander ließ sich zum König von Asien proklamieren, hielt glänzende Opferfeiern für die Götter ab und beschenkte seine Freunde mit Schätzen, Häusern und Statthalterposten. In seiner Ehrbegierde schrieb er an die Griechen, jede Tyrannenherrschaft sei nun aufgehoben, alle sollten sich selbst regieren, und er wolle aus eigenen Mitteln den Plataiern den Wiederaufbau ihrer Stadt ermöglichen, da ihre Vorväter den Griechen ihr Land als Kampfplatz zur Verteidigung der Freiheit zur Verfügung gestellt hätten.[73] Ferner

sandte er den Bewohnern von Kroton in Italien einen Teil der Siegesbeute, um dadurch den Heldenmut und die Tapferkeit des Athleten Phayllos zu ehren, der in den Perserkriegen, als die übrigen Griechen in Italien das Mutterland bereits verlorengegeben hatten, auf eigene Kosten ein Schiff ausgerüstet hatte und nach Salamis gesegelt war, um an der Schlacht teilzunehmen. Soviel Huld erwies er jedem Verdienst gegenüber, bewahrte das Andenken der Taten tapferer Helden und bewies seine Verbundenheit mit ihnen.

35. Nun zog er durch Babylonien, das sich ihm sogleich mit seinem gesamten Gebiet unterwarf. Auf seinem Marsch staunte er besonders über einen Erdschlund[74], aus dem dauernd wie aus einer Quelle Feuer herausquillt, und über das ausströmende Naphtha, das in solchen Mengen hervorfließt, daß es nicht weit von dem Schlund entfernt einen See bildet. Es hat im übrigen viel Ähnlichkeit mit Asphalt, ist aber so leicht brennbar, daß es, noch ehe die Flamme es erreicht, sich allein durch die Dunstschwaden des Feuerscheins entzündet und oft noch die Luft dazwischen in Brand setzt. Um dem König die Art und die Wirkung des Naphtha vor Augen zu führen, schütteten die Barbaren nur ein ganz klein wenig von diesem Stoff auf die enge Gasse zu seinem Quartier. Sie selber stellten sich bei Anbruch der Dunkelheit an das obere Ende und hielten Fackeln an die mit Naphtha beträufelten Stellen. Die vordersten Stellen fingen sogleich Feuer, das sich ausbreitete, ohne daß es auch nur einen wahrnehmbaren Augenblick lang dauerte, es war vielmehr in Gedankenschnelle ans andere Ende gelangt, und die Gasse stand von oben bis unten in hellen Flammen.

Unter den Leuten, die den König gewöhnlich beim Salben und Baden bedienten und ihn durch allerlei Einfälle aufzuheitern suchten, befand sich auch ein Athener namens Athenophanes. Im Baderaum stand nun einmal

neben Alexander ein Knabe, der häßlich und ulkig aussah, aber sehr schön singen konnte – Stephanos hieß er –, und da sagte dieser Athenophanes: »Willst du, König, daß wir an Stephanos eine Probe mit diesem Stoff machen? Wenn er an ihm zündet und nicht ausgeht, dann will ich gern zugeben, daß er eine unüberwindliche, furchterregende Kraft hat.« Auch der Knabe selber erbot sich bereitwillig zu einem solchen Versuch. Als man ihn jedoch damit bestrichen und Feuer in die Nähe gebracht hatte, loderte im selben Augenblick ein solch riesiges Feuer von dem Körper empor und alles stand in Flammen, so daß Alexander ganz entsetzt war und sich nicht zu helfen wußte. Und wären nicht zum Glück eine Menge Diener dagewesen, die Kübel mit Wasser für das Bad herbeitrugen, so hätte man das um sich greifende Feuer wohl nicht mehr wirksam bekämpfen können. Aber auch so konnte man die Flammen auf dem Körper des Knaben, der überall brannte, nur mit Mühe löschen, und er hatte hernach noch sehr daran zu leiden.
Recht einleuchtend behaupten nun einige, die bestrebt sind, den Mythos mit der Wirklichkeit in Einklang zu bringen, dies sei das Zaubermittel der Medea gewesen, mit dem sie in der Tragödie den Kranz und das Kleid bestrichen habe.[75] Das Feuer habe sich ja nicht aus diesen Dingen heraus oder von selbst entzündet, sondern erst, nachdem eine Flamme in die Nähe gebracht worden war, sei eine rasche Anziehung und unsichtbar eine Entzündung erfolgt. Strahlen und Ausströmungen des Feuers, die aus einiger Entfernung kommen, würden auf sonstige Körper nur Licht und Wärme übertragen. In den Körpern aber, die eine luftgemischte Trockenheit oder eine ölige Feuchtigkeit in hinreichender Menge enthalten, sammelten sie sich, erzeugten Feuer und bewirkten eine plötzliche Veränderung der Materie. Die Entstehung von Naphtha hat die Streitfrage mit sich gebracht ...[76], oder ob nicht vielmehr diese Flüssigkeit wie ein Brennstoff aus

einem Boden hervorquillt, der seiner Natur nach fett und leicht entzündlich ist. In Babylonien ist nämlich die Erde so heiß, daß die Gerstenkörner bei der Aussaat oft vom Boden abprallen und in die Höhe springen, denn der Boden pulsiert förmlich infolge der Hitze, und die Menschen schlafen daher im Hochsommer auf Schläuchen, die mit Wasser gefüllt sind. Harpalos, der als Statthalter des Landes zurückgelassen wurde, setzte seinen Ehrgeiz darein, den Königspalast und die Gärten mit griechischen Pflanzen zu schmücken. Er hatte mit allem übrigen auch Erfolg, nur der Efeu konnte auf diesem Boden nicht gedeihen, er verdorrte immer, weil er das Klima nicht vertrug; denn dort ist es heiß, der Efeu aber liebt einen kühlen Standplatz.

Solche Abschweifungen werden, solange sie sich in Grenzen halten, wohl auch von kritischen Lesern nicht allzusehr beanstandet werden.

36. Alexander nahm nun Susa ein und fand im Königspalast 40000 Talente gemünzten Geldes und eine unbeschreibliche Menge von Einrichtungsgegenständen und sonstigen Kostbarkeiten. Er soll auch 5000 Talente Hermionischen Purpurs[77] gefunden haben, der seit 190 Jahren dalag, aber immer noch seinen frischen Glanz bewahrt hatte, als sei er ganz neu. Der Grund dafür ist, so heißt es, daß man Honig zum Färben der roten Purpurstoffe benutzt, für die weißen aber ein weißes Öl. Denn diese beiden Dinge bewahren ihren hellschimmernden Glanz auch noch, wenn sie gleich alt sind. Deinon[78] berichtet, die Könige hätten außer anderem auch Wasser aus dem Nil und aus der Donau herbringen und in ihrem Schatz aufbewahren lassen, gleichsam als Bestätigung für die Größe ihres Reiches und ihre Herrschaft über alle Völker.

37. Die Landschaft Persis[79] ist wegen ihrer Gebirgslage sehr schwer zugänglich, und die Pässe wurden von den edelsten Persern besetzt gehalten – Dareios war ja geflo-

hen –, aber Alexander fand einen Führer, der ihn auf einem nicht sehr weiten Umgehungsweg führte. Dieser Mann war zweisprachig, er hatte einen Lykier zum Vater und eine Perserin zur Mutter. Ihn soll die Pythia gemeint haben, die Alexander noch in seiner Kindheit geweissagt haben soll, ein »Lykos«[80] werde ihm auf dem Perserzug als Wegweiser dienen. ... Dort[81] kam es zu einem großen Blutvergießen unter den Gefangenen. Alexander schreibt selbst darüber, er habe in der Meinung, daß ihm das von Nutzen sein würde, den Befehl gegeben, die Leute niederzumachen. An gemünztem Gold fand er, wie es heißt, ebensoviel wie in Susa, die übrigen Schätze und Reichtümer wurden mit 10000 Maultiergespannen und 5000 Kamelen fortgeschafft. Eine große Statue des Xerxes war, als die Menge in den königlichen Palast hineindrängte, unbeabsichtigt umgestürzt worden. Als Alexander sie erblickte, blieb er stehen und redete sie wie eine lebende Person an: »Sollen wir dich wegen deines Kriegszuges gegen Griechenland hier liegen lassen und weitergehen, oder sollen wir dich wegen deiner hochherzigen und vorbildlichen Art, wie du sie sonst gezeigt hast, wieder aufrichten?« Er dachte lange Zeit schweigend nach, schließlich aber ging er vorüber. Um seinen Soldaten eine Zeit der Erholung zu gönnen – denn es war Winter –, blieb er vier Monate dort.

Es heißt, als er zum ersten Mal auf dem königlichen Thron unter dem goldenen Baldachin saß, sei Demaratos aus Korinth, ein ergebener Freund noch von seinem Vater her, in Tränen ausgebrochen, wie es alte Leute leicht tun. Und er habe gesagt, eine große Freude hätten die Griechen versäumt, die gestorben seien, bevor sie Alexander auf dem Throne des Dareios hätten sitzen sehen.

38. Als er nun an die weitere Verfolgung des Dareios ging, überließ er sich vorher noch der Gesellschaft seiner Freunde beim Becher und bei heiterer Unterhaltung, und dies ging so weit, daß auch Frauen daran teilnahmen, die zu einem Festgelage gekommen waren, um bei ihren Liebhabern zu sein. Die bei weitem Angesehenste unter ihnen war Thaïs, die Geliebte des späteren Königs Ptolemaios, die aus Attika stammte. Sie unterhielt sich bald in geistreichen Lobsprüchen, bald in Scherzworten mit Alexander, dann aber ließ sie sich im Rausch zu einem Ausspruch hinreißen, der zwar der Würde ihres Vaterlandes entsprach, aber weitaus gewichtiger war, als es zu ihrer Person paßte. Sie sagte nämlich, für all die Mühsal, die sie auf dem Zug durch Asien erduldet habe, ernte sie am heutigen Tag die Belohnung: Sie feiere den Triumph über Persiens stolze Königsburg. Aber eine noch größere Freude wäre es ihr, hinzuziehen und den Palast des Xerxes, der Athen in Schutt und Asche gelegt habe, anzuzünden und selber vor den Augen des Königs die Brandfackel hineinzuwerfen. Dann könne sie sich rühmen vor der Welt, härter als die Feldherrn der griechischen Flotten und Heere hätten die Frauen, die mit Alexander gezogen seien, die Perser gestraft zur Sühne für Griechenland. Ihre Worte wurden mit Händeklatschen und Beifallsrufen aufgenommen, die Freunde ermunterten den König um die Wette, und so ließ er sich mitreißen, sprang auf und führte den Zug an, einen Kranz auf dem Haupt und eine Fackel in der Hand. Die übrigen folgten mit Geschrei im Zug nach und stellten sich rings um den Palast auf. Auch die anderen Makedonen, die davon hörten, kamen voller Freude mit Fackeln herbeigeeilt. Sie faßten nämlich Hoffnung, wenn der König den Palast niederbrenne und zerstöre, so bedeute dies, daß er sich in Gedanken wieder der Heimat zuwende und seinen Wohnsitz nicht bei den Barbaren nehmen wolle. Die einen erzählen nun den Hergang so, andere aber behaupten, es sei mit Vorbedacht geschehen.[82] Daß Alexander aber seine Tat rasch bereute und das Feuer zu löschen befahl, darüber ist man sich einig.

39. Alexander war von Natur aus sehr freigebig, und

jetzt bei seiner zunehmenden Machtfülle gab er dieser Eigenschaft in noch stärkerem Maße Raum. Dazu besaß er die liebenswürdige Art, die allein eine Gabe zu einem wirklichen Geschenk macht. Ich will nur einige wenige Beispiele dafür anführen. Ariston, der Anführer der paionischen Truppen, hatte einen Feind getötet und zeigte Alexander den Kopf mit den Worten: »Eine solche Gabe ist bei uns einen goldenen Becher wert, o König!« »Aber einen leeren«, antwortete Alexander lachend, »ich will ihn dir aber gefüllt vom Besten zutrinken.« Ein einfacher makedonischer Soldat trieb einmal ein Maultier, das mit dem Gold des Königs beladen war. Als das Tier müde wurde, nahm der Mann selber die Last auf den Rücken und trug sie weiter. Der König sah nun, wie sich der Mann mühsam abschleppte, und fragte ihn näher über die Sache aus, und als der Mann die Last absetzen wollte, sagte er: »Nur nicht müde werden! Versuche noch den Rest des Weges zu schaffen bis zum Zelt, und trag das für dich selber heim.« Überhaupt war er eher ärgerlich über die, die nichts von ihm wollten, als über solche, die etwas verlangten. Dem Phokion schrieb er einmal einen Brief, er werde ihn in Zukunft nicht mehr als seinen Freund ansehen, wenn er alle seine Freundschaftsbeweise ausschlage. Dem Serapion, einem von den jungen Männern, die mit ihm zusammen Ball spielten, gab er nichts, weil dieser ihn um nichts bat. Als nun Serapion einmal zum Ballspiel kam und den Ball immer anderen zuwarf, sagte der König: »Und mir gibst du ihn gar nicht?« »Du hast ihn ja nicht verlangt«, antwortete Serapion. Da lachte der König und beschenkte ihn reichlich. Proteas, einer von denen, die beim Trinken witzige Scherze zu machen pflegten, schien bei ihm in Ungnade gefallen zu sein. Als die Freunde für ihn Fürbitte einlegten und Proteas selber Tränen vergoß, sagte der König, er wolle ihm verzeihen. »Nun gut, o König«, entgegnete Proteas, »so gib mir zunächst einmal ein Unterpfand dafür.« Alexander ließ ihm daraufhin 5 Talente auszahlen.

Wieviel Anmaßung diese Reichtümer hervorriefen, die er an seine Freunde und an seine Leibgarde verteilte, darauf machte ihn Olympias brieflich aufmerksam: »Gib doch deinen Freunden deine Gunst und Anerkennung auf andere Weise zu erkennen«, schrieb sie. »Jetzt machst du sie alle gleichfalls zu Königen und verschaffst ihnen eine große Anhängerschaft, dich aber beraubst du damit.« Olympias schrieb solches oft in ihren Briefen, er hielt diese aber geheim. Nur einmal, als Hephaistion, wie es seine Gewohnheit war, den geöffneten Brief mit ihm zusammen durchlas, hinderte er ihn zwar nicht daran, zog aber seinen Ring vom Finger und drückte ihm das Siegel auf den Mund. Dem Sohn des Mazaios, der eine höchst bedeutende Stellung am Hofe des Dareios innegehabt hatte, wollte er zu seiner Satrapie eine zweite noch größere dazugeben. Dieser wies sie aber ab mit den Worten: »O König, früher gab es nur einen Dareios, jetzt hast du aber viele Alexander geschaffen.« Dem Parmenion schenkte er das Haus des Bagoas[83] in Susa, in dem man Kleidungsstücke im Werte von 1000 Talenten gefunden haben soll. In einem Brief hieß er den Antipater, sich eine Leibwache zuzulegen, da man ein Attentat auf ihn plane. Seiner Mutter sandte er Geschenke in Fülle, aber er gestattete ihr keine Einmischung in Staatsangelegenheiten und Kriegführung. Die heftigen Vorwürfe, die sie ihm deswegen machte, ertrug er geduldig. Nur einmal, als Antipater sich in einem langen Brief über sie beklagt hatte, sagte er beim Lesen, Antipater wisse wohl nicht, daß eine einzige Träne seiner Mutter Tausende solcher Briefe auslösche.

40. Er mußte nun sehen, daß seine Umgebung in jedem erdenklichen Luxus schwelgte und in unwürdiger Weise verschwenderische Pracht in ihrer Lebensweise und all ihrem Aufwand an den Tag legten. So trug Hagnon, ein

Mann aus Teos, Nägel aus Silber in den Schuhen, Leonnatos ließ sich für seine sportlichen Übungen Sand aus Ägypten auf Kamelen herbeischaffen, Philotas hatte sich zu den Jagden Netze von 100 Stadien Länge beschafft. Zum Salben und Baden brauchten sie jetzt mehr Myrrhenöl als früher einfaches Öl, und Masseure und Kammerdiener gehörten zu ihrem Gefolge. Da wies er sie in aller Ruhe zurecht und appellierte an ihre Vernunft, indem er sagte, er müsse sich wundern, einmal darüber, daß sie nach so vielen schweren Kämpfen, die sie bestanden hätten, dies eine vergessen hätten: daß nämlich die, die andere überwältigt hätten, besser schliefen als die Überwältigten. Und dann darüber, daß sie bei einem Vergleich ihrer Lebensart mit der persischen nicht sähen, daß nichts sklavischer sei, als im Luxus zu ersticken, nichts aber königlicher, als sich anzustrengen. »Ja, wie kann wohl einer noch darangehen, selbst sein Pferd zu versorgen oder Lanze und Helm zu putzen, wenn er es nicht mehr gewöhnt ist, selber Hand an das zu legen, was doch jedem das Liebste ist, nämlich der eigene Leib?« »Wißt ihr nicht, daß dies die Grundlage unserer Herrschaft ist, nicht dasselbe zu tun, was die Besiegten getan haben?« Er setzte sich nun persönlich auf den Kriegszügen und Jagden noch mehr ein und nahm Strapazen und Gefahren auf sich, so daß ein spartanischer Gesandter, der dabei war, als er einen riesigen Löwen erlegte, ausrief: »Herrlich hast du mit dem Löwen um die Königswürde gestritten, Alexander!« Ein Abbild dieser Löwenjagd sandte Krateros als Weihgeschenk nach Delphi und ließ dazu bronzene Statuen teils durch Lysipp, teils durch Leochares anfertigen, und zwar von dem Löwen, den Hunden und vom König, wie er gerade mit dem Löwen im Kampf war, und dazu noch von sich selbst, wie er dem König zu Hilfe eilte.

41. Alexander suchte nun die Gefahr, teils um sich selber zu üben, teils um die anderen zu tapferem Verhalten anzufeuern. Seine Freunde dagegen wollten in ihrem Reichtum und in ihrem großartigen Gehabe lieber den Luxus und das Nichtstun genießen, sie waren des Kämpfens und Marschierens müde, und nach und nach kam es so weit, daß sie über den König herzogen und schlecht von ihm redeten. Im Anfang ertrug er das noch mit Gelassenheit, indem er sagte, es sei nun einmal das Los der Könige, für ihre Wohltaten Undank zu ernten. Dabei war doch alles, selbst das Geringste, das er seinen Vertrauten zuliebe tat, ein Beweis für seine Zuneigung und Achtung. Ich will nur ein paar Beispiele anführen. Dem Peukestas macht er in einem Brief den Vorwurf, er habe wohl den anderen, aber nicht ihm geschrieben, daß er von einem Bären gebissen worden sei. »Aber jetzt schreibe mir, wie es dir geht«, fuhr er fort, »und ob nicht einige von den Jagdteilnehmern dich im Stich gelassen haben, damit sie dafür zur Rechenschaft gezogen werden.« An Hephaistion, der in Geschäften unterwegs war, schrieb er, Krateros sei, als sie mit einem Ichneumon spielten, vom Speer des Perdikkas getroffen und an den Schenkeln verletzt worden. Als Peukestas von einer Krankheit wieder genesen war, sandte er an dessen Arzt Alexippos ein Dankschreiben. Während einer Krankheit des Krateros hatte er eine Traumerscheinung und brachte für ihn ein bestimmtes Opfer dar. Außerdem forderte er ihn auf, dasselbe zu tun. An den Arzt Pausanias, der den Krateros mit Nieswurz behandeln wollte, schrieb er einen Brief, brachte seine Bedenken zum Ausdruck und riet ihm, wie er die Kur durchführen solle. Die Leute, die ihm als erste die heimliche Flucht des Harpalos meldeten, ließ er in Fesseln legen. Es waren Ephialtes und Kissos, die er für Verleumder hielt. Als auf seinen Befehl die Invaliden und die Älteren die Rückkehr in die Heimat antreten durften, schrieb sich ein gewisser Eurylochos aus Aigai in die Invalidenliste ein. Als sich nun herausstellte, daß ihm gar nichts fehlte, gestand er, er liebe Telesippa und wolle sie auf ihrer Reise übers Meer begleiten. Der König fragte ihn, wem die Frau gehöre. Als er erfuhr, sie sei eine der freigeborenen Hetären, sagte er: »Wir zwei wollen bei dieser Liebschaft zusammenhalten, Eurylochos; sieh mal zu, daß wir die Telesippa durch Geld und gute Worte zum Dableiben bewegen, sie ist ja nun einmal eine Freie.«

42. Man muß sich wirklich wundern, daß er sich die Zeit nahm für solche Briefe an seine Freunde: So ordnet er an, daß man einen nach Kilikien entflohenen Sklaven des Seleukos ausfindig machen solle, und den Peukestas lobt er, daß er den Nikon, einen Sklaven des Krateros, eingefangen habe. Dem Megabyzos gibt er wegen eines Sklaven, der sich in einen Tempel geflüchtet hatte, die Anweisung, ihn nach Möglichkeit aus dem Heiligtum herauszulocken und dann festzunehmen, im Tempel selber aber solle man nicht Hand an ihn legen.

Er soll auch am Anfang, wenn er in Prozessen über Leben und Tod als Richter auftrat, sich während der Rede des Anklägers mit der Hand das eine Ohr zugehalten haben, um es für den Angeklagten rein und unparteiisch zu bewahren. Später aber ließen ihn die vielen falschen Bezichtigungen hart werden, die mit Hilfe von Teilwahrheiten sich ein geneigtes Ohr für ihre Lügen verschafften. Und besonders geriet er durch üble Nachrede außer sich und war dann streng und unerbittlich, denn der Ruhm ging ihm selbst über das Leben und die Königswürde.

Nun zog er gegen Dareios aus, um ihn nochmals zur Schlacht zu stellen. Als er aber von seiner Gefangennahme durch Bessos[84] hörte, entließ er die Thessalier nach Hause und ließ ihnen zu dem festgesetzten Sold noch ein Geschenk von 2000 Talenten geben. Bei der Verfolgung, die sich beschwerlich und langwierig gestaltete – in 11 Tagen legte er 3300 Stadien zu Pferde zurück –, blieben die meisten seiner Leute zurück, hauptsächlich wegen des Wassermangels. Da begegnete ihm ein Trupp

Makedonen, die auf Maultieren Wasser in Schläuchen bei sich trugen, das sie vom Fluß geholt hatten. Als sie Alexander erblickten, der sehr unter Durst litt – es war schon Mittag –, füllten sie rasch einen Helm voll Wasser und brachten es ihm. Er fragte sie, für wen sie denn das Wasser geholt hätten. »Für unsere eigenen Kinder«, gaben sie zur Antwort, »aber wenn du nur am Leben bleibst – wir können ja wieder andere bekommen, wenn wir diese verlieren!« Auf diese Worte hin nahm Alexander den Helm in die Hand; als er sich aber umsah und seine Reiter alle mit hängenden Köpfen begehrlich auf den Trunk blicken sah, trank er nicht, sondern gab den Helm zurück. Er dankte den Leuten voller Anerkennung und sagte: »Wenn ich als einziger trinke, dann verlieren diese hier den Mut.« Angesichts dieser Selbstbeherrschung und Seelengröße riefen ihm die Reiter mit lautem Geschrei zu, er solle sie nur getrost weiterführen, und sie gaben den Pferden die Peitsche. Sie seien nicht müde, nicht durstig, ja sie fühlten sich überhaupt nicht als sterbliche Menschen, solange sie einen solchen König hätten.

43. So groß war die Einsatzfreude bei allen, aber es sollen doch nur sechzig Mann gewesen sein, die mit ihm zusammen ins feindliche Lager eindrangen. Hier galoppierten sie über Mengen von weggeworfenem Gold und Silber hinweg, kamen an vielen mit Frauen und Kindern besetzten Wagen vorbei, die, von ihren Wagenlenkern verlassen, umherirrten, und jagten den Vordersten nach, in der Meinung, Dareios sei bei ihnen. Mit Mühe fand man ihn schließlich. Er lag auf einem Wagen, den Leib mit Wunden bedeckt, schon dem Tode nahe. Er verlangte aber noch zu trinken, trank einen Schluck frisches Wasser und sagte zu Polystratos, der es ihm gereicht hatte: »Freund, das ist jetzt der Gipfel meines ganzen Elends, daß man mir Gutes getan hat, ohne daß ich es vergelten kann. Aber Alexander wird dir diesen Liebesdienst lohnen. Und er wird von den Göttern belohnt werden für die

liebevolle Behandlung meiner Mutter, meiner Gattin und meiner Kinder. Ihm gebe ich diesen Händedruck durch dich.« Mit diesen Worten faßte er noch die Hand des Polystratos. Dann verschied er. Als Alexander herbeikam, gab er seinem Schmerz über dies traurige Ende offen Ausdruck. Er nahm seinen Mantel ab, legte ihn über den Toten und deckte ihn damit zu. Als er den Bessos später in seine Gewalt bekam, ließ er ihn durch Hochschnellen zerreißen, und zwar so: Zwei gerade Bäume wurden an einer Stelle zusammengebunden, und an jedem wurde eine Körperhälfte befestigt. Dann band man die Bäume wieder los, so daß jeder beim Hochschnellen den an ihm befestigten Körperteil mit sich riß. Jetzt aber sandte er den Leichnam des Dareios in königlichem Schmuck zu seiner Mutter[85], Exathres, den Bruder des Dareios aber nahm er unter seine engsten Freunde auf.

44. Er selber zog mit dem einsatzfähigsten Teil seiner Truppen nach Hyrkanien[86]. Dort sah er eine Meeresbucht, die nicht kleiner zu sein schien als das Schwarze Meer, deren Wasser aber viel süßer war als sonstiges Meerwasser. Er konnte nichts Sicheres darüber in Erfahrung bringen und neigte am ehesten zu der Vermutung, es handele sich um einen Ausläufer vom Maiotischen See[87]. Die Naturforscher waren dagegen schon auf den wahren Sachverhalt gestoßen, sie haben schon viele Jahre vor Alexanders Feldzug durch Forschungen festgestellt, daß von den vier Buchten, die sich vom Atlantischen Ozean ins Land hinein erstrecken, diese die nördlichste ist, die zugleich die Namen Hyrkanisches und Kaspisches Meer führt.[88] Dort überfiel ein Trupp Barbaren unvermutet die Mannschaft, die Alexanders Pferd, den Bukephalos, bei sich hatte, und raubte es. Alexander war darüber äußerst aufgebracht, er ließ durch einen Dolmetscher ihnen allen mit Weib und Kind den Tod androhen, falls sie ihm das Pferd nicht zurückschickten. Als sie aber kamen, ihm das Pferd brachten und ihre Städte übergaben, behandelte er sie sehr freundlich und gab denen, die das Pferd geraubt hatten, sogar noch ein Lösegeld.

45. Von dort aus brach er auf ins Land der Parther, und während seines dortigen Aufenthalts legte er zum ersten Mal persische Kleidung an. Möglicherweise wollte er sich den Landessitten anpassen in der Überzeugung, daß die Gleichheit der Sitten und Lebensgewohnheiten viel zur Gewinnung der Menschen beitragen könne. Vielleicht sollte es aber auch eine Probe sein im Hinblick auf die Einführung der Proskynese[89], und zwar für die Makedonen, daß diese sich allmählich an seine gewandelte Lebensart und sein Abweichen von den alten Sitten gewöhnten und es sich gefallen ließen. Doch nahm er nicht die eigentliche medische Tracht an, die gar zu barbarisch und fremdartig war, trug auch keine langen Hosen oder einen Rock mit Ärmeln noch den spitzen Turban, sondern seine Bekleidung war gleichermaßen und sehr passend aus der medischen und der persischen Tracht zusammengestellt, nicht so protzig wie die eine, aber von würdigerem Eindruck als die andere. Zuerst trug er sie nur, wenn er mit den Barbaren zu tun hatte, oder zu Hause bei seinen Freunden, später aber zeigte er sich auch darin vor der Menge, wenn er ausritt oder Audienzen abhielt. Für die Makedonen war dies ein kränkender Anblick, aber aus Bewunderung für seine sonstigen Vorzüge glaubten sie, ihm einiges nachsehen zu müssen, was zu seinem Vergnügen oder seinem Glanz beitrug. Hatte er doch – um alles andere beiseite zu lassen – kürzlich einen Pfeil ins Schienbein bekommen, so daß ein Stück des Knochens absplitterte und herausgenommen werden mußte. Ein anderes Mal war er von einem Stein am Hals getroffen worden und hatte davon für längere Zeit das Augenlicht verloren. Dennoch hörte er nicht auf, sich ohne jede Schonung allen Gefahren auszusetzen, er überschritt sogar den Orexartes[90], den er für den Tanais hielt, schlug die Skythen in die Flucht und verfolgte sie 100 Stadien weit, obwohl er an einer Typhuserkrankung litt.

46. Dort soll auch die Amazone zu ihm gekommen sein,[91] so berichten jedenfalls die meisten, unter ihnen Kleitarchos, Polykleitos, Onesikritos, Antigenes und Istros. Aristobulos und der Kämmerer Chares, Ptolemaios, Antikleides, Philon aus Theben und Philippos von Theangela, außer diesen noch Hekataios aus Eretria, Philippos aus Chalkis und Duris von Samos erklären die Geschichte für erfunden. Alexander selbst scheint ihnen recht zu geben. Er sagt nämlich in einem Brief an Antipater, in dem er alles genau berichtet, daß der Skythenkönig ihm seine Tochter zur Gemahlin geben wollte, von einer Amazone aber erzählt er nichts. Lange Zeit danach, so heißt es, las Onesikritos dem Lysimachos, als dieser schon König war, das vierte Buch seines Geschichtswerkes vor, wo auch die Sache mit der Amazone steht. Lysimachos lächelte gelassen: »Und wo war ich denn damals?«, fragte er. Ob man das nun für wahr hält oder nicht, für die Bewunderung Alexanders wird es keinen Unterschied machen.

47. Er befürchtete nun, die Makedonen würden die Lust an weiteren Kriegszügen verlieren, daher ließ er das Hauptkontingent an Ort und Stelle, nahm sich aber seine Elitetruppen vor, die er in Hyrkanien bei sich hatte – 20000 Fußsoldaten und 3000 Reiter –, und erklärte ihnen, die Barbaren hätten sie bisher nur wie eine rasch vorüberziehende Erscheinung gesehen, und wollten sie jetzt wieder abziehen, nachdem sie Asien nur aufgescheucht hätten, so würden die Barbaren über sie herfallen, als ob sie ein Weiberhaufen wären. Dennoch würde er jeden, der wolle, heimkehren lassen, aber er bezeuge, daß er, bei der Eroberung der Welt für die Makedonen im Stich gelassen, mit seinen Freunden und den Freiwilligen den Feldzug fortsetze. So steht es auch fast wörtlich in einem Brief an Antipater, in dem es ferner heißt, auf diese Rede hin hätten alle laut geschrien, er solle sie in jede Gegend der Welt führen, wohin er nur wolle. Nachdem nun diese Truppen die Probe bestanden hatten, war es nicht mehr schwierig, auch die große Masse dafür zu gewinnen, alle waren bereit, ihm zu folgen.

Von dieser Zeit an richtete sich Alexander in seiner Lebensweise immer mehr nach den Landesbräuchen und suchte diese auch den makedonischen Sitten anzunähern. Er war nämlich der Überzeugung, mit Hilfe einer solchen Verschmelzung und Gemeinsamkeit seine Herrschaft eher auf Zuneigung als auf Gewalt stützen zu können, zumal wenn er einmal weit fort sein werde. Deshalb wählte er auch 30000 Knaben aus und ließ sie in griechischer Sprache und griechischen Wissenschaften unterrichten sowie im Gebrauch der makedonischen Waffen ausbilden. Dazu gab er ihnen eine große Anzahl Lehrer. Auch seine Verbindung mit Roxane[92] geschah zwar aus Liebe – er hatte sie in ihrer Jugendschönheit im Reigentanz bei einem Gastmahl gesehen –, sie fügt sich aber ebenfalls in seine politischen Zielsetzungen ein. Die Barbaren wurden nämlich aufgrund dieser ehelichen Verbindung in ihrem Vertrauen bestärkt und faßten eine bewundernde Liebe zu Alexander, weil er auf diesem Gebiet die größte Zurückhaltung an den Tag legte und sich nicht einmal der einzigen Frau, die ihn in ihren Bann geschlagen hatte, wider Sitte und Herkommen näherte.

Er stellte nun fest, daß von seinen Freunden Hephaistion seine Haltung billigte und die veränderte Lebensweise mit übernahm, Krateros aber bei den väterlichen Sitten blieb. Deshalb ließ er durch den einen die Angelegenheiten mit den Barbaren abwickeln, dem anderen übertrug er die Regelungen mit den Griechen und den Makedonen. Überhaupt brachte er dem Hephaistion mehr Zuneigung und dem Krateros mehr Achtung entgegen. Er gab auch stets seiner Meinung Ausdruck, Hephaistion sei der Freund Alexanders, Krateros aber der des Königs. Aus diesem Grund waren die beiden auch heimlich verfeindet und gerieten oft hart aneinander. In Indien kam es sogar einmal zu Tätlichkeiten zwischen ihnen, wobei sie schon die Schwerter zückten, während die Freunde einem jeden zu Hilfe kamen. Da eilte Alexander herbei und schalt den Hephaistion in aller Öffentlichkeit: er sei wohl nicht bei Trost und völlig von Sinnen, wenn ihm nicht klar sei, daß er, wenn man ihm Alexander nähme, einfach nichts mehr sei. Unter vier Augen machte er dann auch dem Krateros bittere Vorwürfe. Er brachte die beiden schließlich wieder zusammen und söhnte sie aus, schwur aber bei Ammon und den anderen Göttern, er liebe sie beide zwar von allen Menschen am meisten, wenn er aber wieder einen Streit zwischen ihnen erlebe, dann werde er sie beide töten lassen oder doch den, der damit angefangen habe. Daher sollen sie später nicht einmal mehr im Scherz etwas gegeneinander gesagt oder unternommen haben.

48. Philotas, der Sohn des Parmenion, stand in hohem Ansehen bei den Makedonen. Er galt als tapfer und ausdauernd, und keiner, Alexander ausgenommen, war so freigebig und setzte sich so für seine Freunde ein wie er. Einmal wurde er, so erzählt man, von einem seiner Vertrauten um eine Geldsumme gebeten. Er gab Auftrag, ihm das Geld auszuzahlen. Als der Verwalter erklärte, es sei nichts mehr in der Kasse, sagte Philotas zu ihm: »Was redest du da, hast du denn auch keinen Becher und kein Kleidungsstück mehr?« Er war aber auch sehr aufgeblasen, eitel bedacht auf seine Reichtümer und trieb in seiner Lebenshaltung einen solchen Aufwand, wie er bei einem Privatmann Anstoß erregen mußte. Und da er dazu noch seine Vornehmtuerei und seinen Hochmut nicht in gefälliger Form, sondern ohne jeden verbindlichen Umgangston ungeschliffen und beleidigend zum Ausdruck brachte, zog er sich Argwohn und Mißgunst zu. Daher sagte auch Parmenion einmal zu ihm: »Mein Sohn, mach dich kleiner!« Bei Alexander war er schon seit langem in Ungnade gefallen. Als nämlich Dareios in Kilikien besiegt war, wurde sein gesamter Troß in Damaskos erbeutet. Unter den vielen ins Lager transportierten Gefangenen befand sich eine Frau, die aus Pydna[93] stammte und besonders schön war. Sie hieß Antigone, und Philotas behielt sie für sich. Jung und verliebt, wie er war, prahlte er beim Wein oft großspurig und offenherzig auf Soldatenart vor ihr und schrieb die bedeutendsten Ruhmestaten sich selber und seinem Vater zu. Den Alexander nannte er ein Jüngelchen, das es nur ihnen zu verdanken habe, daß es sich König nennen dürfe. Die Frau erzählte nun diese Redereien einer ihrer Bekannten, die trug es wieder weiter, wie das so geht, und so kam die Geschichte schließlich zu Krateros. Der ließ die Frau kommen und führte sie heimlich zu Alexander. Dieser befahl ihr, als er alles gehört hatte, weiterhin genau wie früher mit Philotas zusammenzukommen und alles, was sie von ihm in Erfahrung brächte, ihm persönlich zu melden.

49. Philotas hatte keine Ahnung, daß man ihm auf diese Weise eine Falle gestellt hatte, er lebte weiter mit Antigone zusammen und ließ sich in der Erregung und aus Großsprecherei zu ungeziemenden Reden und Äußerungen gegen den König hinreißen. Obgleich nun so starke Beweise gegen Philotas vorlagen, beherrschte sich Alexander, bewahrte Stillschweigen und hielt sich zurück, sei es, daß er doch auf die Ergebenheit des Philotas vertraute oder daß er das Ansehen und den Einfluß der beiden Männer fürchtete.

Zu derselben Zeit bereitete ein Makedone namens Limnos aus Chalaistra[94] ein Attentat auf Alexander vor. Er versuchte den Nikomachos, einen jungen Mann, in den er verliebt war, zur Teilnahme an der Verschwörung zu gewinnen. Dieser ging jedoch nicht darauf ein, sondern erzählte seinem Bruder Kebalinos von dem Ansinnen, und dieser lief zu Philotas und bat ihn, sie zu Alexander zu führen, sie hätten ihm nämlich etwas Dringendes und Wichtiges mitzuteilen. Philotas aber – was immer ihn bewog, ist unklar – ließ sie nicht vor, er behauptete, der König sei mit wichtigeren Dingen beschäftigt. Und das tat er zweimal. Die beiden schöpften nun Verdacht gegen Philotas und wandten sich an jemand anderen. Mit dessen Hilfe erhielten sie Zugang zu Alexander und zeigten ihm zuerst den Attentatsplan des Limnos an. Dann brachten sie auch vorsichtig das Gespräch auf Philotas, wie er sich nicht um ihr Anliegen gekümmert habe, obwohl sie zweimal vorgesprochen hätten. Das brachte Alexander in heftige Erregung, und als der Mann, der Limnos verhaften sollte, diesen wegen seiner Gegenwehr bei der Festnahme getötet hatte, wuchs seine Erregung noch; denn er glaubte, nun seien ihm die Beweismittel für die Aufdeckung der Verschwörung entgangen. In seiner Erbitterung gegen Philotas warf er sich nun denjenigen in die Arme, die diesen schon lange haßten. Sie sprachen jetzt ganz öffentlich aus, es sei recht unüberlegt von dem König, zu glauben, ein Mensch wie dieser Limnos, ein Mann aus Chalaistra, hätte auf eigene Faust ein solches Wagnis unternehmen wollen, er sei vielmehr nur der Handlanger oder besser das Werkzeug, das von höherer Hand gelenkt werde. Die Drahtzieher des Anschlags müßte man unter denjenigen suchen, die am meisten davon hätten, wenn die Sache im Dunkeln bliebe. Nachdem der König einmal ein offenes Ohr für Redereien und Verdächtigungen dieser Art gezeigt hatte, brachte man gleich tausenderlei Beschuldigungen gegen Philotas vor. Daraufhin wurde er verhaftet und auf der Folter verhört. Die Stabsoffiziere waren bei der Folterung zugegen, und Alexander hörte draußen hinter einem Vorhang alles mit an. Als Philotas kläglich und unterwürfig jammerte und sich demütig flehend an Hephaistion wandte, soll Alexander gesagt haben: »So weichlich und unmännlich bist du, Philotas, und hast dich doch an eine solche Tat gewagt!« Als Philotas hingerichtet war, schickte Alexander sofort Leute nach Medien und ließ Parmenion aus dem Wege räumen, einen Mann, der mit Philipp zusammen die größten Taten vollbracht hatte. Er war es gewesen, der als einziger von seinen älteren Freunden, oder doch hauptsächlich, Alexander zu dem Zug nach Asien ermuntert hatte. Drei Söhne besaß er und hatte auf dem Feldzug schon den Tod von zweien erleben müssen, mit dem dritten zusammen wurde er jetzt umgebracht.

Damit erregte Alexander Grauen bei vielen seiner Freunde, besonders bei Antipater. Dieser trat heimlich mit den Aitolern in Verbindung und schloß mit ihnen ein Bündnis. Die Aitoler fürchteten nämlich Alexanders Rache wegen der Zerstörung von Oiniadai. Denn er hatte, als er davon erfuhr, gesagt, nicht die Kinder der Bewohner von Oiniadai, sondern er selber werde ihnen ihre Strafe auferlegen.

50. Nicht lange danach ereignete sich der Vorfall mit Kleitos. Wenn man ihn so zusammenhanglos hört, erscheint er einem noch grausamer als das Vorgehen gegen Philotas. Betrachtet man jedoch mit Überlegung den Anlaß und den Zeitpunkt, dann kommt man zu der Auffassung, daß der König diese Tat nicht mit Vorsatz getan hat, daß es vielmehr eine Verkettung unglücklicher Umstände war, da er dem bösen Dämon des Kleitos durch die Stimmung der zornigen Erregung und der Trunkenheit freie Bahn schuf. Abgespielt hat es sich folgendermaßen.

Es kamen einige Leute, die dem König griechisches Obst vom Meer her brachten. Er staunte darüber, weil es so herrlich reif und schön war, und ließ den Kleitos rufen, denn er wollte es ihm zeigen und ihm davon geben. Kleitos war gerade beim Opfern, er ließ aber das Opfer stehen und machte sich auf den Weg, und drei der Schafe, die bereits mit dem Trankopfer besprengt waren, liefen ihm nach. Als der König davon erfuhr, beriet er sich darüber mit den Wahrsagern, mit Aristandros und dem Spartaner Kleomantis. Sie erklärten, dies sei ein unheilvolles Vorzeichen, und der König befahl daher, unverzüglich ein Sühnopfer für Kleitos darzubringen. Er hatte auch selber drei Tage zuvor einen seltsamen Traum gehabt: Er sah den Kleitos mit den Söhnen des Parmenion in schwarzen Gewändern zusammensitzen, und diese waren doch alle tot. Kleitos ging jedoch, ohne das Ende des Sühnopfers abzuwarten, zur Tafel des Königs, der gerade den Dioskuren ein Opfer dargebracht hatte.[95] Es wurde scharf gezecht, und dabei wurden Lieder eines gewissen Pranichos oder, wie einige sagen, des Pierion gesungen, Schimpf- und Spottlieder auf die makedonischen Generale, die kürzlich von Barbaren besiegt worden waren.[96] Die Älteren nahmen das sehr übel auf und schimpften auf den Dichter wie auf den Sänger, Alexander aber und seine Umgebung hatten ihren Spaß beim Zuhören und forderten den Sänger auf, weiterzusingen. Kleitos, der dem Wein schon reichlich zugesprochen hatte und von Natur aus jähzornig und starrsinnig war, zeigte ganz besondere Empörung und erklärte, es sei keine feine Art, in einem Kreis von Barbaren und Feinden sich über die Makedonen lustig zu machen, die immer noch viel besser seien als die, die jetzt über sie lachten, auch wenn sie einmal Pech gehabt hätten. Alexander sagte darauf, Kleitos rede wohl in eigener Sache, wenn er Feigheit als einen Unglücksfall hinstelle. Da sprang Kleitos auf und rief: »Diese Feigheit hat dem Göttersohn das Leben gerettet, als er schon dem Schwert des Spithridates den Rücken zukehrte![97] Und durch das Blut der Makedonen und durch diese Wunden hier bist du so groß geworden, daß du dich zum Sohn des Ammon machst und Philipp verleugnest!«

51. Wutentbrannt erwiderte Alexander: »Du elender Kerl, du glaubst wohl, ich werde mir das lange gefallen

lassen, daß du bei jeder Gelegenheit solche Dinge von mir erzählst und die Makedonen aufhetzt?« »Nun, es gefällt uns jetzt auch nicht, Alexander«, sagte Kleitos, »daß wir einen solchen Lohn für unsere Mühen davontragen, und wir preisen alle die glücklich, die gestorben sind, bevor sie sehen mußten, wie Makedonen mit persischen Ruten ausgepeitscht werden und wir bei Persern um Einlaß bei unserem König betteln müssen!« Eine solche Sprache wagte Kleitos zu führen, Alexanders Freunde aber erhoben sich und schalten Kleitos, während die älteren Gäste versuchten, den Streit zu schlichten. Alexander aber wandte sich an Xenodoxos aus Kardia und Artemios aus Kolophon und sagte: »Habt ihr nicht den Eindruck, als spazierten die Griechen unter den Makedonen einher wie leibhaftige Halbgötter unter wilden Bestien?« Kleitos aber ließ nicht locker, sondern forderte Alexander auf, entweder solle er ihn frei heraus sagen lassen, was er wolle, oder er solle sich keine freien Männer, die ein offenes Wort gewöhnt seien, als Gäste einladen, sondern mit Barbaren und Sklaven zusammenleben, die vor seinem persischen Gürtel und seinem rotweißen Rock auf die Knie fielen. Nun konnte Alexander seinen Zorn nicht länger meistern, er nahm einen Apfel von der Tafel, warf ihn dem Kleitos an den Kopf und suchte nach seinem Schwert. Ein Mann von der Leibwache, Aristophanes, hatte es aber rechtzeitig beiseite geschafft, und die anderen umdrängten Alexander und suchten ihn durch Bitten zu besänftigen. Er aber sprang auf und rief auf makedonisch seine Waffenträger heraus – das war das Zeichen zum Alarm – und befahl dem Trompeter, Signal zu blasen. Als dieser zögerte und nicht daran wollte, schlug er mit den Fäusten auf ihn ein. Später wurde dieser Mann belobigt, weil man es vor allem ihm zu verdanken hatte, daß nicht das ganze Lager in Aufruhr geriet. Den Kleitos, der durchaus keine Ruhe geben wollte, hatten seine Freunde inzwischen mit Mühe aus dem Saal geschafft. Aber er kam zu einer anderen Tür wieder herein und deklamierte in geringschätzigem und anmaßendem Ton die Verse aus der *Andromache* des Euripides:

»Weh, welch schlimme Sitte herrscht in Griechenland!«[98]

Jetzt riß Alexander einem der Türwächter die Lanze aus der Hand und durchbohrte Kleitos, der ihm entgegenkam und gerade den Vorhang vor der Tür wegzog. Er sank mit Seufzen und Stöhnen zu Boden, und augenblicklich verließ Alexander der Zorn. Er kam wieder zu sich, und als er die Freunde sprachlos dastehen sah, konnte er gerade noch die Lanze aus dem Leichnam reißen; als er aber Anstalten machte, sie sich durch den Hals zu stoßen, hielt man ihn fest. Die Leibwächter packten ihn an den Armen und um den Leib und brachten ihn mit Gewalt in seinen Schlafraum.

52. Die Nacht verbrachte er elend unter ständigem Weinen, und den folgenden Tag lag er, vom Schreien und Klagen erschöpft, ohne ein Wort zu sprechen da und stieß nur schwere Seufzer aus. Seine Freunde gerieten in Angst durch sein Schweigen und verschafften sich mit Gewalt Zutritt. Alles Zureden war vergeblich; erst als der Seher Aristandros ihn an den Traum erinnerte, den er von Kleitos gehabt habe, und an das Vorzeichen beim Opfer, was doch auf ein lang vorherbestimmtes Geschehen deute, schien er nachzugeben. Daher brachte man den Philosophen Kallisthenes zu ihm, einen Verwandten des Aristoteles, und den Anaxarchos aus Abdera. Kallisthenes versuchte, sanft auf sein Gemüt einzuwirken und, ohne ihm wehzutun, seinen Schmerz an der Wurzel zu packen. Anaxarchos aber, der schon immer seinen eigenen Weg in der Philosophie gegangen war und sich den Ruf erworben hatte, hochmütig und geringschätzig mit allen Leuten, die er kannte, umzugehen, rief gleich

beim Eintreten laut: »Das ist also der Alexander, auf den heutzutage die ganze Welt schaut! Da liegt er und heult wie ein Sklave, und fürchtet sich vor dem Gesetz und dem Tadel der Menschen, für die er doch vielmehr selber das Gesetz und die Richtschnur von Gut und Böse sein muß. Er hat doch gesiegt, um zu herrschen und zu unterwerfen, nicht, um als Sklave beherrscht zu werden und nichtiger Meinung unterworfen zu sein.« »Weißt du denn nicht«, fuhr er fort, »daß Dike und Themis deshalb die Beisitzerinnen des Zeus sind, damit alles, was ein Herrscher tut, Recht und Gesetz ist?« Mit derartigen Argumenten gelang es Anaxarchos zwar, den Kummer des Königs zu lindern, er machte seinen Charakter aber in vielem noch hochfahrender und ungerechter. Sich selbst wußte er dadurch in ganz außerordentlichem Maße einzuschmeicheln und brachte den König in verleumderischer Weise vom Umgang mit Kallisthenes ab, der seiner strengen Haltung wegen ohnehin nicht besonders hoch in Gunst stand. Wie es heißt, unterhielt man sich bei Tisch einmal über Jahreszeiten und Klima, und Kallisthenes pflichtete der Meinung derer bei, die behaupteten, das Klima dieser Gegenden hier sei viel kälter und rauher als das in Griechenland. Da nun Anaxarchos dies bestritt und hartnäckig das Gegenteil vertrat, sagte Kallisthenes: »Aber du mußt doch zugeben, daß es hier viel kälter ist als dort. Denn in Griechenland läufst du den ganzen Winter über in einem dünnen Mäntelchen herum, hier aber liegst du mit drei dicken Decken zugedeckt.« Das war ein Grund mehr für Anaxarchos, erbittert gegen ihn zu sein.

53. Auch die anderen Philosophen und Schmeichelredner machte sich Kallisthenes zu Feinden; er wurde nämlich von den jungen Leuten seiner Redekunst wegen geschätzt, fand aber auch nicht weniger Anklang bei den Älteren, und zwar infolge seiner Lebensweise: sie war geordnet, anständig und genügsam und diente als Bestäti-

gung dessen, was, wie es hieß, der Grund für seine Reise hierher war. Er war nämlich in der Absicht zu Alexander gekommen, von ihm die Erlaubnis zur Rückführung seiner Mitbürger in ihre Heimat und zum Wiederaufbau seiner Vaterstadt zu erhalten.[99] Er wurde nun schon seines Ansehens wegen angefeindet und bot außerdem noch von sich aus den Verleumdern manche Angriffsfläche. Denn oft schlug er die Einladungen zur königlichen Tafel aus, wenn er aber kam, dann saß er finster und stumm da und gab damit zu erkennen, daß er alles mißbillige, was da vor sich ging. Daher sagte auch Alexander mit Bezug auf ihn:

»Den Weisen haß ich, der sich selbst nicht weise ist!«[100]

Einmal, so heißt es, waren viele Gäste geladen, und Kallisthenes erhielt den Auftrag, beim Bankett eine Lobrede auf die Makedonen zu halten. Er habe sich über sein Thema mit solcher Beredsamkeit ausgelassen, daß die Anwesenden sich erhoben, Beifall klatschten und ihm ihre Kränze zuwarfen. Darauf habe Alexander die Euripidesstelle zitiert: Habe man für sein Thema

»So guten Stoff, dann ist die schönste Rede leicht«.

»Aber beweise uns einmal deine Kunst«, habe er gesagt, »indem du eine Anklagerede gegen die Makedonen hältst, damit sie auch besser werden, wenn sie ihre Fehler kennenlernen.« So habe Kallisthenes nun einen Widerruf der vorigen Rede gehalten und freimütig den Makedonen vieles vorgeworfen und die griechische Uneinigkeit als die Ursache für die wachsende Größe Philipps und seiner Macht bezeichnet, wobei er noch den Vers zitierte:

»So kommt doch immer beim Umsturz der schlechteste Kerl an die Spitze!«[101]

Dadurch soll er sich den bitteren und unversöhnlichen Haß der Makedonen zugezogen, Alexander aber soll gesagt haben, Kallisthenes habe den Makedonen keinen Beweis für seine Redekunst, sondern für seine feindselige Haltung geliefert.

54. Wie Hermippos[102] berichtet, hat Stroibos, der Vorleser des Kallisthenes, diesen Vorfall dem Aristoteles mitgeteilt, und Kallisthenes soll, als er merkte, daß er beim König in Ungnade gefallen war, beim Weggehen zwei- oder dreimal zu sich selber gesagt haben:

»Starb ja Patroklos auch, und er war dir doch weit überlegen!«[103]

Nicht unzutreffend scheint daher auch die Äußerung des Aristoteles, Kallisthenes sei zwar ein fähiger und großartiger Redner gewesen, Verstand habe er aber keinen besessen.

Die Proskynese hat er jedenfalls mit aller Entschiedenheit abgelehnt, und zwar so, wie es eines Philosophen würdig war.[104] Er hat als einziger das offen ausgesprochen, worüber die Vornehmsten und Ältesten der Makedonen nur im Geheimen murrten, und damit hat er einerseits die Griechen vor einer großen und Alexander vor einer noch größeren Schande bewahrt, indem er die Einführung der Proskynese hintertrieb.[105] Aber andererseits hat er sich selbst damit ins Verderben gestürzt, da der Eindruck entstand, als wolle er den König unter Druck setzen, anstatt ihn zu überzeugen. Chares von Mytilene berichtet folgendes: Beim Gastmahl reichte Alexander, nachdem er getrunken hatte, die Trinkschale einem seiner Freunde weiter. Dieser nahm sie, erhob sich, trat zum Altar und trank. Dann vollzog er als erster die Proskynese, küßte Alexander und nahm wieder Platz. Ebenso machten es alle anderen der Reihe nach. Kallisthenes aber nahm die Schale, während der König gerade nicht hinsah, sondern sich mit Hephaistion unterhielt, trank und ging gleich auf Alexander zu, um ihn zu küssen. Aber Demetrios mit dem Beinamen Pheidon rief: »Küsse ihn nicht, o König, er hat als einziger die Proskynese unterlassen!«

Darauf wich Alexander seinem Kuß aus, und Kallisthenes sagte ziemlich laut: »So muß ich eben um einen Kuß ärmer wieder abziehen.«

55. Infolge dieser wachsenden Entfremdung fand nun zunächst Hephaistion ein offenes Ohr mit seiner Behauptung, Kallisthenes habe ihm zugesagt, die Proskynese zu vollziehen, er habe aber sein Versprechen gebrochen. Dann drängten sich Leute wie Lysimachos und Hagnon herbei und behaupteten, der Philosoph stolziere nun aufgeblasen einher, als ob er eine Tyrannenherrschaft gestürzt habe, und die jungen Leute liefen bei ihm zusammen und höben ihn in den Himmel, als sei er der einzig Freie unter so vielen Tausenden. Als daher die von Hermolaos geplante Verschwörung[106] gegen Alexander entdeckt wurde, schien es gar nicht so unwahrscheinlich, was die Verleumder behaupteten, daß nämlich Kallisthenes auf die Frage, wie man der Allerberühmteste werden könne, geantwortet habe: »Indem man den Berühmtesten umbringt.«[107] Und daß er den Hermolaos, um ihn zur Tat aufzustacheln, aufgefordert habe, sich doch nicht von dem goldenen Ruhebett des Königs beeindrucken zu lassen, sondern daran zu denken, daß er es mit einem Menschen zu tun haben werde, der auch nicht gefeit sei gegen Krankheiten und Verwundungen.

Aber trotzdem hat keiner der Mitverschworenen des Hermolaos etwas gegen Kallisthenes ausgesagt, nicht einmal unter schwersten Folterungen. Ja sogar Alexander selbst sagt in seinen Briefen, die er unmittelbar darauf an Krateros, Attalos und Alketas schrieb, die Knaben hätten auf der Folter übereinstimmend ausgesagt, daß sie allein die Urheber seien und keine anderen Mitwisser hätten. Später aber stellt er in einem Brief an Antipater den Kallisthenes als Mitschuldigen hin: »Die Knaben sind von den Makedonen gesteinigt worden, den Philosophen aber werde ich selber bestrafen, und dazu die, die ihn geschickt haben, und die, die Leute in ihren Städten aufnehmen, welche mir nach dem Leben trachten.« Mit dieser Äußerung zielte er ganz offen auf Aristoteles; denn Kallisthenes war als dessen Verwandter – er war der Sohn der Hero, einer Kusine des Aristoteles – in seinem Hause erzogen worden. Über die Art seines Todes berichten die einen, er sei von Alexander gehängt worden, die anderen, er sei in der Gefangenschaft an einer Krankheit gestorben. Chares sagt, er sei nach seiner Verhaftung noch sieben Monate gefangengehalten worden, um in Gegenwart des Aristoteles im großen Rat abgeurteilt zu werden; in den Tagen aber, da Alexander bei den Mallern in Indien verwundet wurde,[108] sei er, schon ganz aufgeschwemmt, an der Läusekrankheit[109] gestorben.

56. Das war jedoch erst später. Den Korinther Demaratos hatte trotz seines hohen Alters der Wunsch gepackt, zu Alexander nach Asien zu reisen. Als er ihn zu Gesicht bekam, sagte er, die Griechen seien um eine große Freude gekommen, die gestorben seien, ohne Alexander auf dem Throne des Dareios sitzen zu sehen.[110] Er hatte jedoch nicht lange Gelegenheit, die Gnade des Königs zu genießen, denn er starb kurz darauf an Altersschwäche. Er erhielt eine prunkvolle Leichenfeier, und das Heer schüttete ihm einen Grabhügel von riesigem Umfang und 80 Ellen Höhe auf. Seine Gebeine aber wurden auf einem prächtig geschmückten vierspännigen Wagen zur Küste gebracht.

57. Alexander war nun im Begriff, den Zug nach Indien anzutreten, und stellte fest, daß sein Heer mit einer Riesenmenge von Beutestücken bepackt war und nur schwer vorwärts kam. Daher ließ er bei Tagesanbruch, als die Wagen schon beladen waren, zuerst seine eigenen und die seiner Freunde in Brand stecken, dann befahl er, auch die Wagen der Makedonen anzuzünden. Diesen Plan zu fassen war, wie sich zeigte, ein größeres Risiko als seine Ausführung. Denn nur wenige machte er dadurch verdrossen, die meisten erhoben ein lautes Beifallsgeschrei

und gaben denen das Notwendigste ab, die etwas brauchten, das Überflüssige aber warfen sie selbst in die Flammen und vernichteten es. Das erfüllte Alexander aufs neue mit Mut und Tatkraft. Er war aber auch furchtbar und unerbittlich im Bestrafen begangener Fehler. So ließ er den Menandros, der zum Kreise seiner Gefährten gehörte und den er zum Befehlshaber eines Stützpunktes ernannt hatte, hinrichten, weil er nicht dort bleiben wollte, und von den aufständischen Barbaren tötete er den Orsodates eigenhändig durch einen Pfeilschuß.
Um diese Zeit brachte ein Schaf ein Lamm zur Welt, das auf dem Kopf ein Gebilde hatte, das die Form und die Farbe einer Tiara aufwies. Dazu hatte es auf beiden Seiten ein Paar Hoden. Alexander war über dieses Vorzeichen so entsetzt, daß er von den Babyloniern, die er zu diesem Zweck mitzunehmen pflegte, ein Reinigungsopfer für sich darbringen ließ. Er erklärte seinen Freunden, er sei nicht seinet-, sondern ihretwegen so in Sorge, daß nämlich die Gottheit, wenn er stürbe, einem Schlechten und Schwachen die Macht übertragen könne. Doch ein günstigeres Zeichen machte seiner Niedergeschlagenheit ein Ende. Ein Makedone namens Proxenos, der Zeltaufseher, war dabei, am Flusse Oxos[111] einen Platz für das königliche Zelt aufzugraben, und stieß dabei auf eine Quelle mit einer fettigen, ölhaltigen Flüssigkeit. Sobald man das Oberste abgeschöpft hatte, floß reines, klares Öl hervor, das sich weder im Geruch noch im Geschmack von wirklichem Öl unterschied, auch an Klarheit und Fettgehalt ganz gleich war, und das, obwohl es doch im ganzen Land keine Ölbäume gab. Man sagt, daß auch der Oxos ganz weiches Wasser hat, so daß man beim Baden eine fettige Haut bekommt. Daß sich Alexander außerordentlich darüber freute, zeigt ein Brief an Antipater, worin er dieses Ereignis zu den größten Zeichen rechnet, die ihm die Götter zuteil werden ließen. Die Wahrsager aber deuteten das Zeichen als eine Vorbedeutung für den

Feldzug, der zwar ruhmvoll, aber auch voller Mühen und Beschwerden sein werde. Das Öl hätten die Götter den Menschen nämlich als hilfreiche Linderung von Strapazen gegeben.

58. Viele Gefahren hatte Alexander nun in den Kämpfen dieses Feldzugs zu bestehen, er wurde auch schwer verwundet, das Heer aber hatte die größten Verluste zu erleiden durch den Mangel an Lebensmitteln und das ungesunde Klima. Er selber setzte seinen Ehrgeiz darein, das Glück durch Kühnheit und seine Machtmittel durch persönliche Tapferkeit noch zu übertreffen, er war überzeugt, nichts sei unüberwindlich für die Mutigen, aber nichts sicher genug für die Verzagten. Als er die steile und unzugängliche Felsenburg des Sisimethres belagerte und seine Soldaten schon ganz mutlos waren, fragte er, so erzählt man, den Oxyartes, was für ein Mensch denn dieser Sisimethres sei. Als Oxyartes erwiderte, er sei der feigste Kerl von der Welt, sagte Alexander: »Damit sagst du, daß wir den Felsen einnehmen können, denn seine Spitze ist nicht fest.« Er nahm die Feste also ein, indem er Sisimethres in Angst und Schrecken versetzte. Beim Angriff auf eine andere ebenso steile Bergfeste suchte er seine jungen Makedonen anzufeuern und redete einen von ihnen, der Alexander hieß, mit den Worten an: »Du mußt dich besonders auszeichnen, schon um deines Namens willen.« Als nun der junge Mann nach heldenhaftem Kampf gefallen war, zeigte sich der König äußerst betrübt.

Die Burg Nysa[112] anzugreifen, scheuten sich die Makedonen, sie war nämlich auch noch durch einen tiefen Fluß abgesichert. Alexander trat ans Ufer und rief: »Wie? Ich Feigling, habe ich denn nicht schwimmen gelernt?«, und wollte sogleich mit dem Schild am Arm hinüber. Nach Einstellung der Kampfhandlungen erschienen Abgeordnete von den belagerten Städten und baten um Frieden. Der Anblick des Königs in Waffen und ohne allen

Pomp versetzte sie zunächst in Schrecken. Darauf ließ er sich ein Kissen bringen und forderte den Ältesten der Gesandten – er hieß Akuphis – auf, es zu nehmen und sich daraufzusetzen. Voll Staunen über seine Hoheit und Freundlichkeit fragte nun Akuphis, was sie nach seinem Willen tun müßten, um seine Freunde zu werden. Alexander entgegnete: »Sie sollen dich zum Regenten ernennen und mir die 100 besten Männer als Geiseln stellen.« Da lachte Akuphis und sagte: »Ich werde aber besser regieren können, o König, wenn ich dir die 100 Schlechtesten schicke statt der Besten.«

59. Taxiles[113] besaß, wie es heißt, einen Teil Indiens, so groß wie Ägypten. Es gab dort gute Viehweiden und herrliches Obst in überreicher Fülle; und Taxiles, der als ein weiser Mann galt, sagte bei der Begrüßung zu Alexander: »Was sollen wir Krieg führen und Schlachten miteinander schlagen, Alexander? Du bist ja nicht gekommen, uns das Wasser oder den Lebensunterhalt zu rauben, die einzigen Dinge, deretwegen vernünftige Menschen notgedrungen zu den Waffen greifen müssen. Was man sonst so Güter und Schätze nennt, davon will ich dir gerne abgeben, wenn ich mehr habe, und falls ich weniger habe, scheue ich mich aber auch nicht, von dir etwas anzunehmen und mich dir dafür dankbar zu erzeigen.« Alexander war über seine Worte erfreut, reichte ihm die Hand und sagte: »Glaubst du nun, weil wir uns so gut und freundschaftlich unterhalten haben, daß es bei unserer Begegnung ganz ohne Kampf abgehen wird? Aber das soll dir nichts helfen. Ich werde mit dir kämpfen und wetteifern im Austausch von Freundschaftsbeweisen, damit du mich nicht übertriffst, so edel du auch bist.« Er erhielt nun viele Geschenke, gab aber noch viel mehr und ließ Taxiles schließlich noch 1000 Talente Münzgeld überreichen. Seinen Freunden bereitete er damit großen Ärger, er gewann sich aber die Zuneigung vieler Barbaren.

Die besten Kämpfer bei den Indern waren die Söldner, die in die Städte zogen und sie tapfer verteidigten, wobei sie Alexander schwer zu schaffen machten. Daher schloß Alexander einen Waffenstillstand mit ihnen, beim Abzug aber überfiel er sie und ließ alle niederhauen.[114] Das haftet als ein Makel auf seinen Kriegstaten, da er sonst immer unter Beachtung des Rechts und so, wie es einem König ziemte, Krieg zu führen pflegte. Nicht weniger als die Söldner setzten ihm auch die Philosophen zu, die Schmähreden gegen die zu ihm übergetretenen Könige hielten und die noch unabhängigen Völker gegen ihn aufwiegelten. Aus diesem Grund ließ er viele von ihnen aufhängen.

60. Den Kampf gegen Poros hat Alexander in seinen Briefen selbst geschildert. Die beiden Armeen waren, wie er sagt, durch den Fluß Hydaspes[115] getrennt. Daher stellte Poros seine Elefanten am gegenüberliegenden Ufer auf, um den Übergang dauernd unter Bewachung zu haben. Alexander dagegen ließ jeden Tag im Lager allerhand geräuschvolle Manöver veranstalten, damit dies für die Barbaren ein gewohnter Eindruck sei und sie daraufhin keinen Angriff mehr befürchteten. Dann rückte er in einer stürmischen, mondlosen Nacht mit einem Teil der Fußsoldaten und der Elitetruppe der Reiter in einiger Entfernung von den Feinden vor und setzte über bis zu einer Insel, die nicht sehr groß war. Hier brach ein starker Platzregen los, der Sturm tobte in heftigen Böen, und Blitze gingen auf das Heer nieder. Aber obwohl er sehen mußte, daß einige Soldaten von den Blitzen getroffen wurden und umkamen, brach Alexander dennoch von der Insel auf, um das gegenüberliegende Ufer zu gewinnen. Der Hydaspes aber war durch das Unwetter reißend geworden, er hatte sich mit heftiger Strömung und hoch angeschwollen ein neues Bett gebahnt, und ein großer Teil des Wassers ergoß sich in diese Richtung. Sie gewannen nun das Land zwischen den beiden Flußarmen, auf dem man aber nicht sicher Fuß fassen konnte, weil der Boden überall mit fortglitt und wegrutschte. Da soll Alexander gesagt haben: »Ach, ihr Athener, werdet ihr's wohl glauben, was für Gefahren ich auf mich nehme, nur damit ihr mich lobt!« Aber das erzählt nur Onesikritos. Alexander selbst sagt, sie hätten die Flöße hier zurückgelassen und den Nebenarm des Flusses mit den Waffen in der Hand durchwatet, wobei ihnen das Wasser bis zur Brust ging. Nach dem Übergang sei er mit der Reiterei dem Fußvolk 20 Stadien weit vorausgeritten in der Überlegung, daß er den Feinden gegenüber weit im Vorteil sein werde, falls sie ihn nur mit ihrer Reiterei angriffen. Falls sie aber das Fußvolk anrücken ließen, könnten seine eigenen Leute doch noch rechtzeitig zu ihm stoßen. Ersterer Fall trat ein. Er schlug nämlich die 1000 Reiter und die 60 Streitwagen, die ihn angriffen, in die Flucht, die Wagen erbeutete er sämtlich, und von den Reitern tötete er 400. Nun wurde es Poros klar, daß Alexander selbst der Übergang über den Fluß geglückt sein müsse. Er zog ihm mit seiner gesamten Streitmacht entgegen, mit Ausnahme der Truppen, die er zurückgelassen hatte, damit sie die Makedonen am Überschreiten des Flusses hindern sollten. Nicht ohne Besorgnis vor den Elefanten und der feindlichen Übermacht brach Alexander selber auf dem linken Flügel unter sie ein, während Koinos den Befehl hatte, den rechten Flügel anzugreifen. Beide Flügel wurden zum Rückzug gezwungen und zogen sich jeweils zu den Elefanten zurück, wo sich die Zurückgedrängten wieder sammelten. Daher kam es hier zu einem blutigen Kampfgewühl, und erst nach acht Stunden gaben die Feinde die Schlacht verloren. So hat der Feldherr dieser Schlacht es in seinen Briefen selber dargestellt.

Die meisten Geschichtsschreiber berichten übereinstimmend, Poros sei vier Ellen und eine Spanne[116] groß gewesen und habe im Verhältnis zu seinem Elefanten wie ein Reiter zu Pferde gewirkt wegen seines gewaltigen, mächtigen Körperbaus, und das, obwohl der Elefant der größte von allen war. Dieser bewies auch einen erstaunlichen Verstand und zeigte große Sorge um den König. Denn solange dieser bei Kräften war, leistete er den Angreifern tapfer Widerstand und stieß sie zu Boden, sobald er aber merkte, daß der König, von vielen Wurfgeschossen getroffen und verwundet, allmählich matt wurde, befürchtete er, er könne herabgleiten. Er ließ sich daher sacht auf die Knie nieder, faßte behutsam mit dem Rüssel jedes einzelne Geschoß und zog es aus dem Körper. Poros wurde gefangengenommen, und Alexander fragte ihn, wie er ihn behandeln solle. Er antwortete: »Königlich.« Und auf die weitere Frage Alexanders, ob er sonst noch etwas verlange, entgegnete er: »Mit dem Wort königlich ist alles gesagt.« Alexander ließ ihn nicht nur mit dem Titel eines Satrapen über sein bisheriges Königreich herrschen, er fügte auch noch einen weiteren Landesteil hinzu mit den bisher unabhängigen Völkern,[117] die er unterworfen hatte, ein Land mit 15 Volksstämmen, 5000 namhaften Städten[118] und zahlreichen Ortschaften. Ein anderes, dreimal so großes Gebiet verlieh er Philippos, einem seiner Freunde, als Satrapie.

61. Diese Schlacht gegen Poros kostete auch Bukephalos das Leben; er starb nicht auf dem Schlachtfeld, sondern später, wie die meisten berichten, während er wegen seiner Wunden behandelt wurde. Onesikritos dagegen sagt, Bukephalos sei an Altersschwäche gestorben, er sei schon dreißig Jahre alt gewesen. Alexander nahm sich den Tod des Pferdes sehr zu Herzen, für ihn war es, als ob er einen vertrauten Gefährten und Freund verloren hätte. Zu seinem Gedächtnis gründete er am Hydaspes eine Stadt und nannte sie Bukephalia. Auch als ihm ein Hund mit Namen Peritas starb, den er selber aufgezogen hatte und an dem er sehr hing, soll er eine Stadt mit seinem Namen gegründet haben. Dies hat Sotion, wie er angibt, von Potamon aus Lesbos gehört.[119]

62. Der Kampf mit Poros hatte die Einsatzfreudigkeit der Makedonen merklich gedämpft und ihnen die Lust an einem weiteren Vordringen nach Indien genommen. Denn da sie einen Feind, der ihnen mit lediglich 20000 Mann Fußvolk und 2000 Reitern entgegengetreten war, nur mit Mühe hatten niederringen können, widersetzten sie sich Alexander nun mit aller Entschiedenheit, als er sie zwingen wollte, auch noch den Ganges zu überschreiten,[120] einen Fluß, von dem sie gehört hatten, daß er 32 Stadien breit und 100 Klafter tief sei und dessen jenseitiges Ufer bedeckt sei mit Massen von Bewaffneten, Pferden und Elefanten. Man sprach nämlich von 80000 Reitern, 20000 Fußsoldaten, 8000 Streitwagen und 6000 Kriegselefanten, mit denen dort die Könige der Gandariten und Praisier sie erwarteten. Das war auch wirklich nicht übertrieben. Denn Androkottos[121], der nicht viel später dort König wurde, machte dem Seleukos 500 Elefanten zum Geschenk, und das Heer, mit dem er sich ganz Indien unterwarf, bestand aus 600000 Mann.
Zunächst schloß sich Alexander voller Zorn und Mißmut in seinem Zelt ein. Alles bisher Geleistete war in seinen Augen wertlos, wenn er nicht auch den Ganges überschritte, und ein Rückzug bedeutete für ihn das öffentliche Eingeständnis einer Niederlage. Als aber die Freunde ihm mit einleuchtenden Begründungen zuredeten und die Soldaten sich vor seinem Zelt versammelten und unter Weinen und Klagen ihre Bitten vorbrachten, ließ er sich erweichen und gab den Befehl zum Rückzug. Dabei bediente er sich im Interesse seines Ruhmes noch allerlei betrügerischer und geschickter Kniffe. Er ließ nämlich Waffen und Pferdekrippen größer und Zaumzeuge schwerer als normal anfertigen, die man dann überall in der Gegend verstreut zurückließ. Auch Götteraltäre ließ er bauen, zu denen noch heute die Könige der Praisier herüberkommen, um die Götter zu verehren und ihnen Opfer auf griechische Art darzubringen.[122] Androkottos,

der als junger Mann Alexander selbst gesehen hatte, soll später oftmals geäußert haben, Alexander hätte damals ohne große Mühe die betreffenden Gebiete erobern können, da der dortige König wegen seiner Bösartigkeit und seiner niederen Abkunft allgemein verhaßt und verachtet war.

63. Von hier aus brach Alexander auf, um den Ozean kennenzulernen. Er ließ eine Menge von Ruderschiffen und Flößen bauen, auf denen er langsam die Flüsse hinabfuhr. Doch verlief die Fahrt nicht ruhig und friedlich, denn er ging unterwegs an Land, griff die Städte an und unterwarf sie sich alle. Bei den sogenannten Mallern aber, die als die tapfersten Kämpfer der Inder galten, wäre er beinahe ums Leben gekommen. Er hatte nämlich die Feinde mit einem Pfeilhagel von der Mauer vertrieben und auf einer angelegten Sturmleiter als erster die Mauer erstiegen. Aber die Leiter zerbrach, und er wurde von den Barbaren, die unten an der Mauer Widerstand leisteten, mit Geschossen eingedeckt. Er war zwar so gut wie allein, faßte sich aber ein Herz und sprang mitten unter die Feinde hinab. Zum Glück kam er dabei auf die Füße zu stehen. Wie er im Sprung seine Waffen schwang, kam es den Barbaren so vor, als leuchte ein Glanz und eine Art von überirdischer Erscheinung vor ihm her. Deshalb wandten sie sich zuerst zur Flucht und zerstreuten sich. Als sie ihn aber allein mit nur zwei Soldaten von der Leibwache sahen, liefen sie wieder herbei und brachten ihm aus der Nähe mit Schwertern und Lanzen durch den Panzer hindurch Wunden bei, so tapfer er sich auch wehrte. Einer nahm etwas Abstand und schoß von seinem Bogen einen Pfeil mit solcher Schärfe und Durchschlagskraft ab, daß er den Panzer durchdrang und im Brustknochen steckenblieb. Auf diesen Schuß hin fuhr Alexander zurück und krümmte sich, der Schütze aber lief herbei und zückte sein Barbarenschwert gegen ihn. Peukestas und Limnaios warfen sich vor den König,

wurden aber beide getroffen, der eine fiel, Peukestas hielt sich jedoch noch aufrecht, und den Barbaren tötete Alexander mit eigener Hand. Schon mehrfach verwundet und schließlich noch von einer Keule am Hals getroffen, lehnte er sich an die Mauer, das Gesicht den Feinden zugekehrt. In diesem Augenblick warfen sich die Makedonen schützend vor ihn, sie rissen ihn hinweg, und er hatte schon das Bewußtsein verloren, als man ihn wegtrug und in sein Zelt brachte. Im ganzen Lager hieß es schon, er sei tot. Nachdem man den Pfeil, der aus Holz war, unter großen Schwierigkeiten abgesägt hatte, was dem Verwundeten große Schmerzen bereitete, und man ihm so endlich mit Mühe den Panzer ausziehen konnte, ging man daran, die Pfeilspitze herauszuschneiden, die tief in einem Knochen steckte. Sie soll drei Finger breit und vier Finger lang gewesen sein. Daher fiel er während der Operation in eine todesähnliche Ohnmacht, als aber die Spitze entfernt war, kam er wieder zu sich. Er kam außer Gefahr, war aber noch sehr schwach und bedurfte lange Zeit hindurch der Pflege und Schonung. Als er hörte, wie die Makedonen vor dem Zelt lärmten, da sie ihn unbedingt sehen wollten, nahm er seinen Mantel und ging hinaus zu ihnen. Dann brachte er den Göttern Opfer dar und setzte seinen Zug fort, wobei er sich ein weites Gebiet mit großen Städten unterwarf.

64. Von den Gymnosophisten[123], die hauptsächlich den Sabbas zur Rebellion beredet und den Makedonen den schwersten Schaden zugefügt hatten, nahm er zehn fest. Da sie in dem Rufe standen, meisterhaft in knapper Form auf Fragen antworten zu können, legte er ihnen allerhand spitzfindige Fragen vor. Er sagte dazu, er werde den als ersten töten lassen, der eine falsche Antwort gebe, dann der Reihe nach die anderen; einen, den Ältesten von ihnen, bestimmte er zum Schiedsrichter. Der erste erhielt die Frage, ob seiner Meinung nach die Lebenden oder die Toten mehr seien. Er antwortete: »Die Lebenden, denn die Toten sind nicht mehr.« Der zweite wurde gefragt, ob die Erde oder das Meer größere Tiere hervorbringe, und er antwortete: »Die Erde, denn das Meer ist ein Teil der Erde.« Den dritten fragte man, welches das schlaueste Tier sei. Er antwortete: »Das, das der Mensch bis jetzt noch nicht kennengelernt hat.« Der vierte antwortete auf die Frage, aus welcher Überlegung heraus er den Sabbas zum Aufstand bewogen habe: »Ich wollte, daß er entweder ruhmvoll lebt oder ruhmvoll stirbt.« Der fünfte bekam die Frage, ob der Tag oder die Nacht früher gewesen sei, und er gab zur Antwort: »Der Tag, er war einen Tag früher.« Da Alexander hierüber sein Befremden äußerte, erklärte er: »Auf verfängliche Fragen muß man eben auch verfängliche Antworten geben.« Der König kam nun zum sechsten und fragte ihn, wie man die größte Beliebtheit erlangen könne. Er bekam zur Antwort: »Wenn man zwar der Mächtigste ist, aber nicht gefürchtet wird.« Von den restlichen drei wurde einer gefragt, wie jemand aus einem Menschen zu einem Gott werden könne. Die Antwort lautete: »Wenn er etwas tut, wozu ein Mensch nicht fähig ist.« Der nächste wurde vor die Frage gestellt, was stärker sei, Leben oder Tod. Er erwiderte: »Das Leben, denn es erträgt so viel Leid.« Den letzten fragte man, wie lange es für den Menschen gut sei, am Leben zu bleiben. »So lange, bis er den Tod für besser hält als das Leben.« Nun wandte sich der König an den Schiedsrichter und forderte ihn auf, das Urteil zu verkünden. Dieser erklärte, es habe immer einer schlechter geantwortet als der andere. Darauf der König: »Also wirst du als erster sterben, da du ein solches Urteil abgegeben hast.« »Nein, o König«, antwortete der andere, »da würdest du ja lügen. Du hast doch gesagt, der solle als erster sterben, der die schlechteste Antwort gegeben habe.«

65. Er entließ nun die Leute reich beschenkt und schickte den Onesikritos zu den berühmtesten Weisen, die jeder für sich in der Einsamkeit lebten, und ließ sie zu sich bitten. Onesikritos war selber ein Philosoph, er stammte aus der Schule des Kynikers Diogenes. Wie er berichtet, forderte ihn Kalanos zunächst sehr hochfahrend und schroff auf, seine Kleider abzulegen und nackt anzuhören, was er ihm zu sagen habe. Anders werde er sich nicht mit ihm unterhalten, und wenn er von Zeus persönlich käme. Dandamis war etwas umgänglicher, er ließ sich von Sokrates, Pythagoras und Diogenes erzählen und sagte dann, diese schienen ihm ja sehr begabte Männer gewesen zu sein, aber sie hätten ihr Leben zu ängstlich nach den herrschenden Sitten ausgerichtet. Andere berichten, Dandamis habe nichts weiter gesagt als nur das eine: »Aus welchem Grund ist Alexander eigentlich diesen weiten Weg hierhergekommen?« Den Kalanos beredete Taxiles schließlich doch, zu Alexander zu gehen. Er hieß eigentlich Sphines, weil er aber die Leute, die ihm begegneten, statt mit dem griechischen »Sei gegrüßt« mit dem indischen Wort »kale« anredete, nannten ihn die Griechen Kalanos. Er soll Alexander ein Sinnbild seiner Herrschaft vorgeführt haben. Er legte nämlich eine trokkene, ausgedörrte Tierhaut vor seinen Zuschauern auf den Boden und trat auf ihren Rand. Sobald sie an einer Stelle niedergedrückt wurde, erhob sie sich an den anderen Seiten. Kalanos ging nun im Kreis herum und zeigte, daß immer dasselbe geschah, wohin er auch trat, bis er schließlich in die Mitte trat und so die Haut festhielt, wodurch das Ganze zur Ruhe kam. Dieses Bild sollte Alexander belehren, daß er in erster Linie den Mittelpunkt seines Reiches fest in der Hand behalten müsse und sich nicht zu weit davon entfernen dürfe.

66. Die Fahrt auf den Flüssen hinab zum Meer dauerte sieben Monate. Als Alexander schließlich mit seinen Schiffen den Ozean erreicht hatte, fuhr er zu einer Insel, die er selber Skillustis nannte, die anderen gaben ihr den Namen Psiltukis. Dort ging er an Land, opferte den Göttern und erforschte, soweit es möglich war, das Meer und die Küste. Dann betete er, kein Mensch möge nach ihm über die Endpunkte seines Zuges hinauskommen, und kehrte wieder um. Er gab den Auftrag, die Schiffe sollten an der Küste entlang weiterfahren, Indien immer zur Rechten, und zum Oberbefehlshaber ernannte er den Nearchos, zum obersten Steuermann den Onesikritos. Er selber zog mit dem Landheer durch das Gebiet der Oreiten[124] und geriet dabei in äußerste Bedrängnis. Er hatte so große Truppenverluste, daß er nicht einmal ein Viertel seiner Streitmacht aus Indien zurückbrachte. Dabei hatte er 120000 Fußsoldaten und 15000 Reiter bei sich gehabt. Aber schlimme Krankheiten, schlechte Verpflegung, die trockene Hitze und vor allem der Hunger rieben den größten Teil von ihnen auf. Sie zogen durch ein unfruchtbares Land, dessen Bewohner sich nur kümmerlich ernährten und nur wenige armselige Schafe besaßen, die gewöhnlich Seefische zu fressen bekamen und daher minderwertiges, übelriechendes Fleisch hatten. Nur mit Mühe bewältigte er innerhalb von 60 Tagen den Marsch durch dieses Land und kam an die Grenze von Gedrosien, wo man von einem Tag auf den anderen wieder alles im Überfluß hatte, weil die zunächst wohnenden Satrapen und Könige hier wieder Nachschub herbeigeschafft hatten.

67. Hier gönnte er den Truppen Ruhe und zog dann in festlichem Zug sieben Tage lang durch Karmanien[125]. Er selber fuhr auf einem Wagen, der von acht Pferden in gemächlicher Gangart gezogen wurde, saß dabei mit seinen Freunden auf einer Bühne, die auf einem hohen, weithin sichtbaren viereckigen Gerüst errichtet war, und hielt Tag und Nacht hindurch einen ununterbrochenen Festschmaus. Eine große Zahl von Wagen, die einen mit purpurnen und buntfarbigen Baldachinen, die anderen mit stets frischen grünen Zweigen schattig überdacht, folgte mit den übrigen Freunden und Offizieren nach,

alle bekränzt und trinkend. Da war kein Schild, kein Helm, keine Lanze zu sehen, sondern nur Trinkschalen, Krüge und kostbare Becher, womit die Soldaten auf dem ganzen Weg ihren Wein aus riesigen Fässern und Mischkrügen schöpften und einander zutranken. Die einen marschierten dabei und zogen weiter, andere hatten sich auf den Boden gelagert. Die ganze Gegend hallte wider vom Klang der Schalmeien und Flöten, von Gesang und Saitenspiel und dem bakchantischen Jubel der Frauen. Zu dem ungeordneten freien Dahinziehen kamen noch die anderen Ausgelassenheiten eines Bakchosfestes, und es war, als sei der Gott selber zugegen und geleite den fröhlichen Zug. Als Alexander in die Hauptstadt Gedrosiens gekommen war,[126] ließ er das Heer abermals ausruhen und feierte Feste. Man erzählt, berauscht vom Wein habe er dem Wettstreit der Chöre zugeschaut, und sein Liebling Bagoas habe als Chorführer einen Preis davongetragen und sei in vollem Schmuck durch das Theater zu ihm gekommen und habe sich neben ihn gesetzt. Als die Makedonen dies sahen, hätten sie so lange Beifall geklatscht und Alexander zugerufen, er solle ihn küssen, bis er ihn umarmte und abküßte.

68. Hier stieß auch Nearchos wieder zu ihm,[127] der dort gelandet war. Alexander freute sich sehr darüber, und nachdem er den Bericht über die Fahrt vernommen hatte, beschloß er, selbst mit einer großen Flotte den Euphrat hinab, dann um Arabien und Afrika herum zu fahren und durch die Säulen des Herakles[128] wieder ins Mittelmeer einzulaufen. Schiffe aller Art wurden bei Thapsakos[129] gebaut und Matrosen und Steuerleute von überall her angeworben.

Aber der schwierige Feldzug nach Indien, die Verwundung Alexanders bei den Mallern und die Gerüchte über riesige Truppenverluste hatten, zumal man allgemein an Alexanders heiler Rückkehr zweifelte, die unterworfenen Völker zum Aufstand gereizt und die Befehlshaber und

Satrapen zu zahlreichen Ungerechtigkeiten, zu Raffgier und Gewalttat verleitet. Überhaupt hatte sich im ganzen Reich der Geist der Unruhe und des Aufruhrs verbreitet. So hatten sich auch Olympias und Kleopatra mit Antipater entzweit und das Reich untereinander geteilt, wobei Olympias Epirus, Kleopatra aber Makedonien übernahm. Als Alexander davon hörte, sagte er, seine Mutter habe den besseren Teil erwählt, denn die Makedonen würden sich nicht von einer Frau regieren lassen. Daher schickte er nun Nearchos wieder zum Meer, da er entschlossen war, sämtliche Küstenländer militärisch zu sichern, und zog selber aus, um die schuldigen Befehlshaber zu bestrafen. Einen der Söhne des Abulites, Oxyartes, tötete er eigenhändig mit der Lanze, und da Abulites nichts von den nötigen Vorräten beschafft hatte, sondern nur 3000 Talente an Geld überbrachte, befahl er, das Geld den Pferden vorzuschütten. Als sie es nicht anrührten, sagte er: »Was hilft uns nun dein Vorrat?«, und ließ den Abulites ins Gefängnis werfen.

69. In der Provinz Persis teilte er zum ersten Mal auch Geld an die Frauen aus. Es war nämlich Sitte, daß die Könige, sooft sie nach Persis kamen, jeder Frau ein Goldstück gaben. Daher sollen einige, so heißt es, nicht so oft und Ochos[130] kein einziges Mal nach Persis gekommen sein und sich so aus Geiz seinem Stammland entfremdet haben. Als Alexander das Grabmal des Kyros aufgebrochen fand, ließ er den Schuldigen hinrichten, obwohl der Übeltäter aus Pella[131] stammte und kein gemeiner Soldat war, Polymachos mit Namen. Er las auch die Grabinschrift und befahl, sie in griechischer Sprache darunterzusetzen. Sie lautete aber folgendermaßen: »O Mensch, wer du auch seist und woher du kommst – denn daß du kommen wirst, weiß ich –, ich bin Kyros, der das Reich der Perser gegründet hat. Mißgönne mir also nicht das bißchen Erde, das meinen Leichnam deckt.« Diese Worte beeindruckten Alexander tief, sie brachten ihn

zum Nachdenken über die Unsicherheit und den Wechsel der menschlichen Dinge.
Hier war es auch, wo Kalanos, der noch nicht lange an einem Darmleiden litt, die Bitte aussprach, man möge ihm einen Scheiterhaufen errichten. Er ließ sich zu Pferde hinbringen, betete, besprengte sich mit dem Trankopfer und schnitt sich eine Haarlocke als Opfergabe ab. Beim Hinaufsteigen verabschiedete er sich von den anwesenden Makedonen und forderte sie auf, an diesem Tag fröhlich zu sein und mit dem König zu zechen; ihn selber aber, sagte er, werde er kurze Zeit später in Babylon wiedersehen. Nach diesen Worten legte er sich nieder, hüllte sich ein und verharrte bewegungslos, bis die Glut sich ihm näherte, er blieb in der Stellung, in der er sich niedergelegt hatte, und brachte sich selber zum Opfer dar, wie es in seiner Heimat Sitte bei den Weisen ist. Dies tat viele Jahre später in Athen ein anderer Inder, der mit dem Kaiser Augustus zusammengekommen war;[132] man zeigt heute noch sein Grab, es heißt das Indergrabmal.
70. Als Alexander von der Einäscherung zurückgekehrt war, lud er viele seiner Freunde und Offiziere zu einem Bankett ein und veranstaltete ein Wett-Trinken mit ungemischtem Wein, wobei er einen Kranz als Preis aussetzte. Derjenige, der am meisten trank, war Promachos, er brachte es auf 4 Choën[133]. Er nahm den Siegespreis in Empfang, einen Kranz im Wert von einem Talent, lebte aber nur noch drei Tage. Von den übrigen, die am Wetttrinken teilgenommen hatten, starben noch 41, wie Chares berichtet, weil während ihres Rausches starker Frost einsetzte.
In Susa veranstaltete Alexander ein großes Hochzeitsfest für seine Gefährten und nahm selber die Tochter des Dareios, Stateira, zur Frau. Er gab jeweils den vornehmsten Offizieren die vornehmsten Perserinnen zur Ehe und hielt auch für die Makedonen, die schon früher geheiratet hatten, einen prächtigen gemeinsamen Hoch-

zeitsschmaus. Dabei soll jedem der 9000 Festgäste eine goldene Schale zum Trankopfer überreicht worden sein. Außerdem bewies er noch eine außerordentliche Freigebigkeit, indem er selber die Schulden, die die Soldaten gemacht hatten, an ihre Schuldner bezahlte. Die Gesamtsumme belief sich auf 9870 Talente. Bei der Gelegenheit trug sich der einäugige Antigenes fälschlich als Schuldner in die Liste ein, brachte einen Mann herbei, der behauptete, er habe ihm eine bestimmte Summe geliehen, und ließ ihm das Geld auszahlen. Als der Betrug entdeckt wurde, geriet der König in Zorn, er wies ihn vom Hofe und nahm ihm seine Offiziersstelle. Antigenes war aber ein hervorragender Soldat. Als junger Mann noch war er, als Philipp die Stadt Perinthos belagerte, von einem Katapultpfeil ins Auge getroffen worden, hatte sich aber den Pfeil nicht herausziehen lassen und war nicht von seinem Posten gewichen, bis die Feinde durch seinen Angriff zurückgeschlagen und hinter die Mauer gedrängt waren. Er nahm sich die Entehrung nun sehr zu Herzen, und es war deutlich zu merken, daß er sich aus Kummer und Betrübnis etwas antun werde. Aus dieser Befürchtung heraus ließ der König von seinem Zorn und ordnete an, er solle auch das Geld behalten.

71. Die 30000 Knaben, die er zur Schulung und Ausbildung zurückgelassen hatte, zeigten sich nun in männlicher Körperkraft und stattlicher Erscheinung, zugleich bewiesen sie bei ihren Übungen eine staunenswerte Gewandtheit und Leichtigkeit. Der König hatte seine Freude an ihnen, für die Makedonen aber war es ein Anlaß zu Mißmut und Besorgnis. Sie befürchteten, der König werde sich jetzt weniger um sie kümmern. Als er die Kranken und Invaliden zum Meer hinabsenden wollte, erklärten sie daher, es sei eine Schmach und Schande, sich Leute, die er erst schamlos ausgenutzt habe, jetzt auf eine so schmähliche Art und Weise vom Halse schaffen zu wollen und sie ihren Heimatstädten und ihren Eltern wieder aufzuhängen, und zwar ganz anders, als er sie bekommen habe. Er solle sie doch nur alle gleich entlassen und alle Makedonen für dienstuntauglich erklären, er habe ja jetzt diese jungen Tänzer da, mit denen er losziehen und die Welt erobern könne.

Alexander nahm das sehr übel auf, er beschimpfte die Soldaten voller Zorn, entließ seine Leibwache und ersetzte sie durch Perser, aus denen er sich auch Wachen und Hofbeamte wählte. Als ihn die Makedonen nun mit diesem Gefolge erblickten, sich selbst aber verstoßen und beschimpft sehen mußten, wurden sie ganz klein, sie besannen sich und fanden, daß sie sich durch Eifersucht und Zorn selbst zum Narren gehalten hatten. So kamen sie schließlich wieder zur Vernunft; ohne Waffen und im bloßen Untergewand, schreiend und jammernd, gaben sie sich ihm anheim und forderten ihn auf, er solle sie wie schlechte, undankbare Kerle behandeln. Er ließ sie jedoch nicht vor, obwohl sie ihn schon erweicht hatten. Sie rührten sich aber nicht von der Stelle, sondern standen zwei Tage und Nächte da und harrten unter Wehklagen aus, wobei sie ihn immer ihren lieben Herrn nannten. Am dritten Tag kam er heraus, und als er sie so kläglich und gedrückt dastehen sah, vergoß er selber eine ganze Zeitlang Tränen. Dann tadelte er sie in gemäßigtem Ton und hielt eine freundliche Ansprache an sie. Darauf entließ er die Invaliden mit glänzenden Geschenken und ordnete in einem Brief an Antipater an, sie sollten bei allen Wettkämpfen und Theateraufführungen bekränzt auf Ehrenplätzen sitzen. Für die verwaisten Kinder der Gefallenen setzte er eine Rente aus.[134]

72. Hierauf kam er nach Ekbatana in Medien und erledigte die dringendsten Geschäfte, dann überließ er sich wieder Theateraufführungen und festlichen Wettkämpfen, zumal auch gerade aus Griechenland eine Truppe von 3000 Künstlern und Athleten angekommen war. In diesen Tagen geschah es, daß Hephaistion an einem hefti-

gen Fieber erkrankte. Aber er war ein junger Mann, ein Soldat, und so kümmerte er sich nicht um die strengen ärztlichen Vorschriften, und sobald sein Arzt Glaukos zu den Theatervorstellungen gegangen war, setzte er sich zum Essen, verzehrte einen gekochten Hahn und trank dazu ein großes Kühlgefäß voll Wein. Davon wurde ihm so elend, daß er kurz darauf starb. Alexanders Trauer darüber kannte kein Maß; er befahl, unverzüglich den Pferden und Maultieren zum Zeichen der Trauer die Mähnen abzuscheren, und ließ in den umliegenden Städten die Mauerzinnen abbrechen. Den unseligen Arzt ließ er ans Kreuz schlagen, Flötenspiel und jede Art von Musik im Lager verbot er auf lange Zeit, bis von Ammon ein Orakelspruch kam, der gebot, Hephaistion zu verehren und ihm als Heros Opfer darzubringen. Zum Trost für sein Leid stürzte sich Alexander in den Krieg, er zog gleichsam zu einer Menschenjagd aus und unterwarf das Volk der Kossaier[135], wobei er alle kriegstüchtigen Männer abschlachten ließ. Das nannte er das Totenopfer für Hephaistion. Für das Leichenbegängnis und das Grabmal mit seinem Schmuck gedachte er 10000 Talente aufzuwenden, und durch die kunstreiche und prächtige Ausstattung sollte dieser Aufwand noch überboten werden. Daher wünschte er von allen Künstlern am meisten den Stasikrates herbei, von dessen neuartigen Entwürfen man sich etwas besonders Großartiges, Kühnes und Glanzvolles erhoffen konnte. Er hatte dem König nämlich bei einer früheren Begegnung erklärt, von allen Bergen eigne sich der Athos in Thrakien am besten dazu, in eine menschenähnliche Gestalt gebracht zu werden. Wenn er ihm den Auftrag dazu gebe, wolle er ihm aus dem Athos die dauerhafteste und am weitesten sichtbare Bildsäule herausarbeiten. Seine linke Hand solle eine Stadt von 10000 Menschen umfassen, während er mit der rechten einen gewaltig strömenden Fluß aus einer Opferschale zum Meer herabgieße. Das hatte Alexander damals abgelehnt, jetzt aber waren die Pläne noch weit abwegiger und kostspieliger, die ihm im Kopf herumgingen und die er Tag für Tag seinen Künstlern unterbreitete.

73. Auf dem Weg nach Babylon berichtete ihm Nearchos – er war nämlich wieder vom Ozean her kommend in den Euphrat eingelaufen –, einige von den Chaldäern[136] seien zu ihm gekommen und hätten ihm den Rat gegeben, Alexander solle sich von Babylon fernhalten. Dieser nahm aber keine Rücksicht darauf, sondern zog weiter. Und als er vor die Mauern der Stadt kam, sah er, wie ein großer Schwarm von Raben aufeinander losfuhr und miteinander kämpfte, einige von ihnen fielen tot neben ihm nieder. Zu dieser Zeit wurde auch Apollodoros, der Kommandant von Babylon, angezeigt, er habe ein Opfer angeordnet, um Alexanders weiteres Schicksal zu erforschen. Dieser ließ daraufhin den Seher Pythagoras rufen. Er leugnete nicht, daß er das Opfer dargebracht habe, und Alexander befragte ihn nun, wie es ausgefallen sei. Als Pythagoras antwortete, die Leber habe keinen Lappen gehabt, sagte er: »O weh, das ist ein Zeichen von Bedeutung!« Dem Pythagoras aber tat er nichts zuleide. Jetzt reute es ihn, daß er dem Rat des Nearchos nicht gefolgt war, und er verbrachte die meiste Zeit außerhalb von Babylon in einem Zelt und fuhr auf dem Euphrat hin und her.

Es versetzten ihn aber auch viele Vorzeichen in Unruhe. Auf den größten und schönsten der zahmen Löwen ging ein Maulesel los und tötete ihn durch Huftritte. Einmal hatte Alexander sich zum Salben entkleidet und spielte Ball. Als man wieder nach den Kleidern griff, bemerkten die jungen Leute, die mit ihm Ball gespielt hatten, einen Mann, der schweigend auf dem Thron saß und das Diadem und den Königsmantel angelegt hatte. Man fragte ihn, wer er sei, und er schwieg lange Zeit still. Endlich besann er sich und sagte, sein Name sei Dionysios, er stamme aus Messene und sei, wegen eines Vergehens angeklagt, vom Meer hierhergebracht worden, wo er eine lange Zeit im Kerker zugebracht habe. Nun sei ihm aber der Gott Serapis erschienen, habe ihm die Fesseln gelöst und ihn an diesen Platz gebracht. Er habe ihm befohlen, den Mantel und das Diadem zu nehmen, sich niederzusetzen und Schweigen zu bewahren.

74. Als Alexander dies vernommen hatte, ließ er zwar den Mann auf den Rat der Wahrsager hin töten, er verlor aber ganz den Mut und jede Hoffnung auf die Götter und wurde argwöhnisch gegen seine Freunde. Besonders fürchtete er den Antipater und seine Söhne. Der eine, Iolas, war oberster Mundschenk bei ihm, Kassandros aber war gerade erst angekommen. Da sah er, wie sich einige der Barbaren zur Proskynese niederwarfen. Als ein Mann, der griechisch erzogen war und noch nie etwas Derartiges gesehen hatte, brach er unbesonnen in Gelächter aus. Alexander geriet darüber in solchen Zorn, daß er ihn mit beiden Händen an den Haaren packte und kräftig mit dem Kopf gegen die Wand stieß. Ein andermal, als Kassandros den Antipater in Schutz nehmen wollte gegen Leute, die Anklagen gegen ihn vorbrachten, wies er ihn barsch zurecht mit den Worten: »Was sagst du? Eine so weite Reise sollen Leute auf sich genommen haben, denen niemand etwas zuleide getan hat – nur aus Verleumdungssucht?« Kassandros erwiderte, eben das sei der Beweis dafür, daß sie Verleumder seien, sie seien nämlich zu weit entfernt von dem Ort, wo man sie überführen könne. Da lachte Alexander laut auf und sagte: »Das sind die Haarspaltereien der Aristotelesjünger, sowohl für wie gegen eine Sache zu sprechen. Aber wehe euch, wenn es sich herausstellt, daß ihr diesen Leuten auch nur das geringste Unrecht getan habt!«

Überhaupt soll sich dadurch in Kassandros ein gewaltiges, unauslöschliches Furchtgefühl festgesetzt haben. So war er lange Zeit später – er war schon König von Makedonien und Herrscher über Griechenland – einmal in

Delphi und ging dort umher und besichtigte die Statuen. Beim Anblick einer Alexanderstatue war er wie geschlagen, ihn schauderte plötzlich vor Schreck, er zitterte am ganzen Leib und konnte sich kaum erholen, ein solcher Schwindel hatte ihn bei diesem Anblick gepackt.

75. Da Alexander sich nun damals dem Aberglauben zugewandt hatte, weil er in Verwirrung und Furcht geraten war, gab es schließlich kein ungewohntes und aus dem Rahmen fallendes Ereignis mehr, mochte es auch noch so geringfügig sein, das für ihn nicht ein Zeichen war und eine Vorbedeutung hatte. Der ganze Palast war vollen Leute, die Sühn- und Reinigungsopfer darbrachten und die Zukunft erforschten.

So gefährlich nun auf der einen Seite der Unglauben und die Mißachtung der Götter ist, so gefährlich ist auf der anderen Seite jedoch auch der Aberglaube, der wie das Wasser immer ins Tiefergelegene hinunterzieht ...[137] und die Menschen mit Wahnvorstellungen und Ängsten erfüllt, wie es jetzt bei Alexander der Fall war. Als aber die Orakelsprüche über Hephaistion eintrafen, legte er seine Trauer ab und wandte sich aufs neue den Festen und Banketten zu. Er veranstaltete für Nearchos und seine Leute ein glänzendes Festmahl, anschließend nahm er ein Bad und wollte dann schlafen gehen. Auf Bitten des Medios[138] kam er aber noch zu einem Trinkgelage zu ihm. Dort trank er noch den ganzen folgenden Tag und erlitt dann einen Fieberanfall. Er hat aber weder den Becher des Herakles ausgetrunken, noch verspürte er plötzlich einen Schmerz im Rücken wie von einem Lanzenstich, aber einige Leute haben geglaubt, dergleichen schreiben zu müssen, um dem großen Drama noch einen tragischen und recht pathetischen Schluß anzudichten. Aristobulos dagegen berichtet, Alexander habe hohes Fieber gehabt, und da er großen Durst litt, habe er noch Wein getrunken. Daraufhin sei er in Fieberphantasien verfallen und am 30. Tag des Monats Daisios gestorben.[139]

76. In den Tagebüchern findet sich jedoch folgender Krankheitsverlauf: Am 18. des Monats Daisios schlief Alexander wegen seines Fiebers im Badezimmer. Am folgenden Tag zog er nach dem Baden ins Schlafzimmer um und brachte den Tag mit Medios beim Würfelspiel zu. Abends nahm er noch ein Bad, brachte den Göttern Opfer dar, aß etwas und bekam in der Nacht erneut Fieber. Am 20. badete er, brachte wieder die üblichen Opfer dar, ließ sich ins Badezimmer bringen und verbrachte den Tag mit Nearchos, indem er sich von dessen Fahrt und vom Ozean erzählen ließ. Am 21. tat er dasselbe, wurde aber noch heißer, hatte eine schlechte Nacht und am folgenden Tag sehr hohes Fieber. Er ließ sich wegbringen und lag nun an dem großen Schwimmbecken, wo er mit seinen Generalen die Besetzung der freigewordenen Offiziersstellen besprach; er wünschte, daß man sie mit verdienten Leuten besetzen solle. Am 24. hatte er hohes Fieber, er ließ sich aber zu den Altären tragen, um die Opfer darzubringen. Er ordnete an, daß sich die ranghöchsten Offiziere am Hof aufhalten, die Hauptleute und Obersten aber die Nacht über draußen bleiben sollten. Am 25. ließ er sich in den gegenüberliegenden Palast bringen und fand dort ein wenig Schlaf, das Fieber sank aber nicht. Als die Generale eintraten, konnte er nicht mehr sprechen. Ebenso war es auch am 26. Daher waren die Makedonen der Meinung, er sei schon tot, sie kamen mit Geschrei an die Tore und bedrohten die Stabsoffiziere, bis sie ihren Willen mit Gewalt durchsetzten. Man öffnete ihnen die Türen, und sie zogen Mann für Mann im bloßen Untergewand am Krankenbett vorbei. Am selben Tag wurden auch Python und Seleukos in den Serapistempel gesandt, um zu fragen, ob man Alexander dorthin bringen solle. Der Gott antwortete aber, man solle ihn an Ort und Stelle lassen. Am 28. gegen Abend starb er.

77. So findet es sich größtenteils dem genauen Wortlaut

nach in den Tagebüchern. Der Verdacht auf einen Giftmord kam zunächst niemandem. Erst sechs Jahre später ließ Olympias, wie es heißt, auf eine Anschuldigung hin, zahlreiche Personen hinrichten und sogar die Gebeine des längst verstorbenen Iolas[140] aus dem Grabe reißen, weil er dem König das Gift verabreicht habe. Es gibt auch welche, die behaupten, Aristoteles habe dem Antipater zu diesem Schritt geraten, und überhaupt sei dieser es, der das Gift nach Asien habe bringen lassen. Sie berufen sich dabei auf die Aussage eines gewissen Hagnothemis, der das Ganze von dem König Antigonos[141] gehört haben will. Das Gift soll ein eiskaltes Wasser gewesen sein, das als feiner Tau von einem Felsen bei Nonakris[142] herabriesele und das man, wenn man es aufgefangen habe, nur in einem Eselshuf aufbewahren könne. In keinem anderen Gefäß könne man es nämlich verwahren, da jedes andere von der Kälte und Bitterkeit des Wassers zerfressen werde. Die meisten aber halten die Geschichte von der Vergiftung für eine Erfindung, und sie haben eine nicht von der Hand zu weisende Stütze für ihre Ansicht. Da die Generäle miteinander in Streit gerieten, blieb der Leichnam nämlich mehrere Tage lang ohne Pflege liegen, und das in einer so erstickend heißen Gegend. Er wies aber keinerlei Spuren auf, wie sie sich nach einem solchen Ende zeigen, sondern blieb fleckenlos und unversehrt.

Roxane erwartete zu der Zeit ein Kind und stand daher in hohen Ehren bei den Makedonen. Sie war sehr eifersüchtig auf Stateira und verlockte sie durch einen lügnerischen Brief, zu ihr zu kommen, und ließ sie zusammen mit ihrer Schwester[143] umbringen, die Leichen in einen Brunnen werfen und diesen zuschütten. Mitwisser und Helfershelfer bei dieser Tat war Perdikkas. Diesem gelang es nämlich, sogleich die höchste Macht an sich zu reißen, indem er den Arrhidaios als einen Statisten in der Königsrolle mit sich herumschleppte. Dieser war ein

Sohn Philipps von einer Dirne gewöhnlicher Herkunft namens Philinne. Er war aber schwachsinnig, und zwar infolge einer körperlichen Krankheit, die ihm allerdings weder angeboren war noch sonst eine natürliche Ursache hatte. Vielmehr soll er als Kind gute Charaktereigenschaften und gar kein unedles Wesen gezeigt haben, später aber von Olympias durch ein Gift zerrüttet und um seinen klaren Verstand gebracht worden sein.[144]

Anmerkungen

1 Aiakos war der Großvater des Achill. Der Sohn Achills, Neoptolemos, ließ sich der Sage nach in Epirus nieder, der Heimat von Alexanders Mutter Olympias, deren Vater den Namen Neoptolemos führte. Die Abstammung von den großen Helden des Mythos galt als eine wichtige Legitimation des Herrschers.

2 Ihr Oheim, nicht ihr Bruder, der König von Epirus (390–323), eines noch wenig hellenisierten Landes an der Westküste der Balkanhalbinsel.

3 Die Teilnahme der Olympias an den ekstatischen Kultbräuchen betont ihre nichtgriechische, »halbbarbarische« Herkunft, vgl. den Vorwurf gegen Alexanders Echtbürtigkeit Kap. 9.

4 Der ägyptische Reichsgott, mit dem Sonnengott Amon-Ra gleichgesetzt und von den Griechen als Zeus Ammon verehrt, der auch einen Kult als Urschlange besaß. Vgl. Kap. 27, Alexanders Zug zum Orakel des Ammon.

5 Das eine Auge hatte Philipp bei der Belagerung der Stadt Methone verloren.

6 Vielseitiger Schriftsteller und Gelehrter des Hellenismus, geb. etwa 290 v. Chr. in Kyrene, berechnete u. a. den Erdumfang ziemlich genau. – Hera: die Göttin der Ehe.

7 6. Juli 356. Der Tempel galt als eines der sieben Weltwunder.

8 Hegesias von Magnesia (um 250 v. Chr.): Rhetor und Historiker.

9 Artemis wurde unter dem Beinamen Eileithyia als Geburtsgöttin verehrt.

10 Der bedeutendste General Philipps und später Alexanders auf dem Perserzug.

11 Bedeutender Bildhauer aus Sikyon, der vor allem Bronzebildnisse schuf (etwa 370–300).

12 Apelles von Kolophon: der bedeutendste antike Maler.

13 Aristotelesschüler aus Tarent, Verfasser vieler historischer und musiktheoretischer Abhandlungen.
14 Bedeutendster Schüler und Nachfolger des Aristoteles (371–287); das Zitat stammt aus seinen physiologischen Schriften.
15 Phoinix war der Erzieher, Peleus der Vater des Achill.
16 Bukephalos bedeutet Rinderkopf, nach dem thessalischen Brandzeichen, das das Pferd trug.
17 1 Talent = 60 Minen zu 100 Drachmen = etwa 4000 Goldmark.
18 Fragment aus einer unbekannten Tragödie (frg. 785 Nauck).
19 Vgl. Kap. 26.
20 Schüler des kynischen Philosophen Diogenes; begleitete Alexander als Geschichtsschreiber auf seinem Zug; Obersteuermann der Flotte auf der Rückfahrt von Indien (vgl. Kap 65 f.).
21 Harpalos (vgl. Kap. 10 und 41) war später Schatzmeister Alexanders in Babylon und floh mit den Schätzen nach Griechenland (vgl. Plut. Dem. 25, Curt. 10,6 f.).
22 Philistos, ein Geschichtsschreiber, dessen Werk wie das der beiden Dithyrambendichter verloren ist.
23 Anaxarchos aus Abdera, der epikureische Philosoph, begleitete Alexander auf seinem Zug, vgl. Kap. 28 und 52.
24 Xenokrates war Leiter der platonischen Akademie in Athen.
25 Zu Dandamis und Kalanos vgl. Kap. 65.
26 338 v. Chr., vgl. Plut. Dem. 19–21.
27 Die Heilige Schar war die berühmteste Elitetruppe Thebens. Der steinerne Löwe von Chaironeia, ihr Grabdenkmal, ist noch erhalten.
28 Zu Pixodaros vgl. Anm. 53.
29 Arrhidaios und seine Rolle nach Alexanders Tod vgl. Kap. 77.
30 Vers 288. Der Vater ist Kreon (= Attalos), der Bräutigam Jason (= Philipp), der seine Gattin Medea verstoßen hatte, um

seine neue Braut Krëusa (= Kleopatra) zu heiraten. Medea plante daraufhin, alle drei zu töten.

31 Der berühmte athenische Politiker und Redner (384–322), Führer der Widerstandsbewegung gegen Makedonien, vgl. Plutarchs Lebensbeschreibung.

32 Die Zitadelle von Theben, die Kadmosburg, die von Philipp besetzt worden war. Theben fiel im Jahre 335.

33 Der bedeutendste Dichter der Chorlyrik, geb. um 520 in Theben.

34 Zu Kleitos vgl. Kap. 50.

35 Die Meuterei am Hyphasis vgl. Kap. 62.

36 Der Gott Dionysos war dem Mythos nach in Theben geboren.

37 Ein Vorort von Korinth, wo sich auch das Grab des berühmten kynischen Philosophen befinden soll.

38 Aristobulos begleitete Alexander als Techniker und Pionierkommandant; sein Bericht über den Alexanderzug gehört zu den wertvollen Quellen, ist aber nur durch Arrian bekannt.

39 Duris von Samos (um 300) schrieb eine griechische Geschichte.

40 Perdikkas gehörte mit Hephaistion, Parmenion, Seleukos, Lysimachos, Philotas, Ptolemaios, Eumenes, Kleitos, Antigonos und dem als Statthalter in Makedonien zurückgelassenen Antipater zu den Hetairoi, den engsten Freunden und Stabsoffizieren Alexanders. Nach dessen Tod war Perdikkas Reichsverweser, die verbliebenen Hetairoi erhielten Teile des Reiches als Erbe und kämpften untereinander um die Herrschaft (Diadochenkämpfe).

41 Der Freund des Achill: Patroklos; der Künder seiner Taten: Homer.

42 Paris, der Entführer der Helena.

43 Vgl. Hom. Il. 9,186 ff. Mit seinem Besuch in Troja im Frühjahr 334 ordnet Alexander seinen Feldzug in die Reihe der großen Ost-West-Auseinandersetzungen ein, die für die

Griechen mit dem Trojanischen Krieg begannen (vgl. den Anfang von Herodots Geschichtswerk).

44 Daision: April/Mai (in Athen Thargelion); der Monat davor hieß Artemision.

45 Der berühmteste Dichter der jüngeren attischen Komödie (etwa 342–290). Die zitierte Komödie ist nicht erhalten (frg. 751 Körte).

46 Die »Pamphylische Leiter«, ein Pfad aus Felsstufen an einem Berg entlang, dicht am Meer an der Südküste Kleinasiens; der Weg war nur bei Nordwind und ruhiger See trockenen Fußes zu passieren.

47 Schüler des Platon und Aristoteles, Redner und Tragödiendichter. Phaselis: Stadt an der Südküste Kleinasiens.

48 Ein Grieche aus Rhodos, Oberkommandierender der persischen Streitkräfte in Kleinasien. Sein Vorschlag, einer Schlacht auszuweichen und Alexander mit der Taktik der verbrannten Erde zu zermürben, war von den auf Memnons Vorzugsstellung eifersüchtigen persischen Satrapen zu Fall gebracht worden. Memnon starb im Frühjahr 333.

49 Ursprünglich Gründer des assyrischen Reiches, dann dem Gott Baal gleichgesetzt als oberster Himmelsgott.

50 Alexander wollte die Gebirgskette des Tauros in östlicher Richtung überschreiten und durch die Syrischen Tore ziehen, Dareios aber passierte nach Westen die Amanischen Tore und stand so in Alexanders Rücken. Die Schlacht fand bei der Stadt Issos in Kilikien statt.

51 Vgl. Plutarchs Jugendschrift *Über das Glück oder die Tüchtigkeit* bzw. *Tapferkeit* (Tyche oder Arete) *Alexanders*, die sich rhetorisch-polemisch mit der viel behandelten Frage beschäftigt, wieviel Alexander seinem Glück und wieviel er seiner Feldherrnkunst und seinen charakterlichen Vorzügen zu verdanken gehabt habe. Vgl. auch Kap. 26 Ende und Curt. 10,18.

52 Chares von Mytilene; Hofbeamter Alexanders und Verfasser einer Alexandergeschichte.

53 Schwester des Königs Maussolos, der durch sein Grabmal, das Mausoleum von Halikarnaß, bekannt ist. Nach dem Tode

des Maussolos (353) und seiner Gemahlin Artemisia II. (351) war Ada Regentin, wurde dann von ihrem Bruder Pixodaros der Herrschaft beraubt. Sie unterstützte Alexander bei der Einnahme von Halikarnaß und wurde von ihm als Herrscherin über Karien eingesetzt.

54 Die Ephemeriden, Tagesberichte in Form eines Hof- und Kriegsjournals, die von Alexanders Sekretär Eumenes von Kardia aufgezeichnet wurden (vgl. Kap. 76 und die Lebensbeschreibung des Eumenes von Plutarch).

55 Vgl. Kap. 5. Phoinix hatte seinen Zögling Achill in den Trojanischen Krieg begleitet.

56 Alexanders Schwester, nicht die in Kap. 9 erwähnte Kleopatra.

57 Herakleides Pontikos (etwa 388–310), Platon- und Aristotelesschüler, bedeutender wissenschaftlicher Schriftsteller.

58 Hom. Od. 4,354 f. Die Gründung von Alexandria: 7. April 331 v. Chr.

59 Der Zug des Perserkönigs Kambyses bei Herodot (3,26). Das Orakel des Gottes Ammon lag in der Oase Siwah in der libyschen Wüste (vgl. auch Curt. 4,29 ff.). Ägypten hatte Alexander als Befreier vom persischen Joch und als Wiederhersteller der religiösen Freiheit willig aufgenommen.

60 Philosoph und Schriftsteller der peripatetischen Schule, Neffe und Schüler des Aristoteles (vgl. Kap. 52 ff.), verfaßte einen Bericht über den Alexanderzug.

61 Paidion: Kind; Pai Dios: Sohn (Kind) des Zeus. Vermutlich redete der Oberpriester Alexander ägyptischer Sitte gemäß als Sohn des Ammon-Ra an, da für die Ägypter ihr Herrscher als göttlich galt.

62 Hom. Il. 5,340.

63 Dareios mußte vor allem befürchten, die Tote sei nicht beerdigt, sondern verbrannt worden, was nach Ansicht der Perser, denen das Feuer heilig war, einen unsühnbaren Frevel bedeutet hätte. Curtius Rufus (4,41 ff.) berichtet, die Königin Stateira sei unmittelbar vor der Schlacht von Gaugamela gestorben, und Alexander habe ungeachtet der Nähe der Feinde

seinen Marsch unterbrochen, um die Tote durch ein feierliches Begräbnis zu ehren.

64 Ahuramazda, das Prinzip des Lichtes und des Guten, höchster Gott der persischen Zarathustra-Religion. Der Sonnengott Mithras stammt aus der vorzoroastrischen Religion.

65 Kyros der Große, der Reichsgründer, herrschte von 559 bis 529. Vgl. auch die Rede des Dareios bei Curtius Rufus (4,53 ff.).

66 Beide Orte liegen am Ostufer des Tigris; Gaugamela war ein kleines Dorf, etwa 100 km nordwestlich der Stadt Arbela.

67 Der persische König war Dareios I. nach seiner Niederlage gegen die Skythen 512 v. Chr.

68 Zur Mondfinsternis, die auf den 22. 9. 331 v. Chr. zu datieren ist, vgl. Curt. 4,39.

69 »Furcht, Schrecken, Panik«, ein Dämon im Gefolge des Kriegsgottes Ares, den man vor der Schlacht auf seine Seite zu ziehen suchte.

70 Daß nämlich die Soldaten angesichts der riesigen Menge von Kämpfern und fremdartiger Völkerscharen und Tiere in Panik gerieten, vgl. Curt. 4,47.

71 Dareios hatte der persischen Garde befohlen, sich auf den Troß zu werfen, um die gefangene Königsfamilie zu befreien.

72 Sie würde mit größtmöglicher Geschwindigkeit heim zu ihrem Fohlen laufen.

73 Sieg der Griechen im Perserkrieg bei Plataiai 479, nach der Seeschlacht von Salamis 480 v. Chr. Plataiai war 427 bei innergriechischen Auseinandersetzungen zerstört worden. Mit seinem Willen zum Wiederaufbau betont Alexander den panhellenischen Charakter seines Zuges, der gleichzeitig als Vergeltungszug erscheinen soll.

74 Wo dies war, läßt sich nicht mehr feststellen. Das im Text stehende Ekbatana ist unrichtig. Curtius Rufus (5,2) nennt den Ort bei der Stadt Mennis, vier Tagemärsche von Arbela entfernt.

75 Euripides' Medea, die dies als Geschenk an ihre Nebenbuhlerin sendet, die samt ihrem zu Hilfe eilenden Vater verbrennt.

76 Lücke im Text.

77 Der Purpur stammte von der Stadt Hermione auf der Peloponnes und war während der Perserkriege nach Susa gelangt.

78 Deinon von Kolophon, Verfasser einer persischen Geschichte im 4. Jh. v. Chr.

79 Die Kernprovinz des Perserreiches, die sich zum Persischen Golf hin erstreckt, mit den alten Residenzen Pasargadai und Persepolis.

80 Wörtl.: ein Wolf; gemeint: ein Lykier.

81 Bei der Eroberung von Persepolis. Hier ist eine Lücke im Text. Der Brand betraf nur den Palast des Xerxes, nicht Persepolis im ganzen. Vgl. Curt. 5,22f.

82 Alexander habe nämlich, verdrossen über das Ausbleiben von Friedensunterhändlern, in einer gleichsam symbolischen Handlung (der Brand von Troja!) allen Bewohnern des Perserreiches seine Machtübernahme anzeigen wollen.

83 Ägyptischer Eunuch, Mörder des Perserkönigs Artaxerxes Ochos und Königsmacher des Dareios, nicht identisch mit dem in Kap. 67 Genannten. – Als Urheberin eines Attentats auf den Reichsverweser Antipater vermutete Alexander seine Mutter.

84 Naher Verwandter des Dareios, Satrap von Baktrien (Afghanistan/Usbekistan). Er wollte Dareios töten und sich des Thrones bemächtigen. Falls Alexander weiterhin siegreich blieb, wollte er Dareios an ihn ausliefern und sich dadurch den neuen Herrscher geneigt machen. Vgl. Curt. 5,26ff.

85 Alexander hatte der königlichen Familie Susa als Residenz angewiesen. Dort war auch die Grabstätte der Könige.

86 Die Landschaft südlich des Kaspischen Meeres.

87 Das Asowsche Meer.

88 Daß das Kaspische Meer ein Binnensee war, wußten bereits Herodot und Aristoteles und mit ihm auch Alexander. Diese

Kenntnis geriet jedoch später wieder in Vergessenheit, und Plutarch urteilt hier aus der Kenntnis seiner Zeit heraus.

89 Der Fußfall vor dem König, der zum persischen Hofzeremoniell gehörte. Für die Perser war dies die Vasallengeste, der formelle Gruß einem Höherstehenden gegenüber. Den Griechen erschien es als Unterwerfungsgeste. Mit einem Niederknien verehrten sie die Erdgöttin Ge. – Wie aus Kap. 54 hervorgeht, wurde die Proskynese von den Griechen jedoch nicht vor der Person Alexanders selbst ausgeführt, sondern vor dem Altar des Agathos Daimon, der schützenden Gottheit, der man nach dem Mahl Wein spendete. Vgl. aber Curt. 6,20.

90 Der Jaxartes (Syr-Darja), dessen Unterlauf auch Tanais hieß. Daß ihn Alexander wirklich mit dem anderen Tanais (dem Don) verwechselte, ist fraglich. Seine geographischen Kenntnisse waren noch besser als die der Menschen der späteren Zeit, die die Binnenseen Asowsches Meer, Aral-See und Kaspisches Meer und die in sie mündenden Flüsse nicht genau unterscheiden konnten.

91 Die angebliche Begegnung Alexanders mit der Amazonenkönigin Thalestris schildert Curtius Rufus (6,19). Arrian (7,13) verweist sie ins Reich der Fabel.

92 Die Tochter des baktrischen Fürsten Oxyartes, dessen Sitz, den stark befestigten »Sogdianischen Felsen« in der Landschaft Sogdiana (Usbekistan), Alexander im Sturm erobert hatte.

93 Stadt in Makedonien.

94 Vgl. Curt. 6,25 ff. Dort heißt der Mann Dymnus. Chalaistra war ein unbedeutender Ort in Makedonien.

95 Plutarch vergißt hier zu berichten, daß Alexander dem Dionysos, dessen Festtag gerade war, zu opfern vergaß und statt dessen den Dioskuren opferte. Vgl. Kap. 13 mit dem Hinweis auf die Rache des Dionysos sowie Curt. 8,6; Arr. 4,8,1.

96 Im Kampf gegen den Rebellenführer Spitamenes von Sogdiana. Vgl. Arr. 4,5 f.; Curt. 7,32.

97 In der Schlacht am Granikos, vgl. Kap. 16.

98 Androm. 693. Dort heißt es weiter, wenn ein Heer einen Sieg errungen habe, maße sich der Feldherr allein den Ruhm an, der doch denen zukäme, die ihn erfochten hätten, und die Häupter des Volkes dünkten sich über die Menge erhaben, obwohl sie in Wahrheit nichts seien.

99 Olynth auf der Chalkidike, das Philipp zerstört hatte. Durch Kallisthenes' Tod zog sich Alexander die Feindschaft der peripatetischen Philosophenschule zu, die sich nach seinem Tode mit dem ihm feindlich gesinnten Kassandros verband und die geschichtliche Überlieferung in für Alexander ungünstigem Sinne beeinflußte. (Vgl. J. Seibert, *Alexander der Große*, Darmstadt 1972, ^{4}1994 [Erträge der Forschung, 10].)

100 Fragment aus einem nicht erhaltenen Euripides-Drama (frg. 905 Nauck). Das folgende Euripides-Zitat aus *Bakchen* 267.

101 Vers unbekannter Herkunft.

102 Schüler des alexandrinischen Dichters und Gelehrten Kallimachos, Verfasser einer Aristoteles-Biographie.

103 Hom. Il. 21,107.

104 Eine Rede des Kallisthenes gegen die Einführung der Proskynese bei Arr. 4,11; Curt. 8,19. Vgl. auch Anm. 89.

105 Derselbe Kallisthenes hatte freilich in seinem Geschichtswerk der Vergottung Alexanders kräftig Vorschub geleistet und so unter anderem versichert, das Meer sei vor Alexander zurückgewichen und habe ihm die Proskynese erwiesen (vgl. Kap. 17) und das Ammonorakel habe ihn als Sohn des Zeus bestätigt (Kap. 27).

106 Die sogenannte Pagenverschwörung, die Hermolaos, einer der Kadetten aus Alexanders Gefolge, aus Rache für eine harte Strafe angezettelt hatte. Vgl. Curt. 8,21 ff.

107 Dieser Ausspruch wird auch von dem Philosophen Hermokrates im Zusammenhang mit der Ermordung Philipps überliefert, wo er vermutlich eher seinen Platz hat.

108 Vgl. Kap. 63.

109 Geschwüre, die sich infizierten.

110 Doublette zu Kap. 37. Zu Demarat vgl. Kap. 9. Die Szene ist vielleicht des Kontrastes wegen hier wiederholt: die Behandlung von Freund und Feind durch Alexander.

111 Der Petroleumfund am Amu-Darja. Alexander zog nun vom heutigen Usbekistan (Baktrien und Sogdiana) nach Afghanistan und überschritt den Hindukusch im Jahr 327 in südlicher Richtung.

112 In Nysa soll Dionysos aufgewachsen sein, den der Mythos auch mit Indien verband. Alexander bezieht die mythischen Züge in sein eigenes Bild ein; so wie er im Gebiet von Troja an Achill erinnerte, im Bereich von Tyros an Herakles, so treten nun dionysische Züge an ihm in Erscheinung: Ansätze zu einer »Herrscherideologie«, wie sie später auch Marcus Antonius zeigte. – Nysa und die zuvor genannte Bergfeste Aornos (nicht identisch mit dem Felsennest in der Sogdiana) lagen am Westufer des Indus. Alexander hatte den Hauptteil des Heeres über den Khaiber-Paß marschieren lassen, während er mit Elitetruppen durch das Kabultal nach Indien zog. Am Indus vereinigten sich die Heere wieder. Zur Eroberung von Nysa und Aornos vgl. Curt. 8,35 ff.

113 Fürst von Taxila, einer beim heutigen Islamabad in Pakistan ausgegrabenen Stadt, die auch das Zentrum brahmanischer Gelehrsamkeit war.

114 Arrian (4,27) gibt an, die Söldner hätten sich Alexander unterstellt, seien aber dann im Begriffe gewesen zu desertieren.

115 Der heutige Dschihlam (Jhelum), östlicher Nebenfluß des Indus.

116 Fast 2 Meter. Für die Topographie und die Aufstellung der Truppen bei der Schlacht gegen Poros vgl. die Karten bei Green, *Alexander*, S. 193 und 215 f., sowie Hamilton, *Plutarch, Alexander*, S. 168. Die Schlacht fand beim heutigen Jalalpur statt.

117 Die unabhängigen Völker sind die Aratta, die sogenannten Königslosen, die in selbständig verwalteten Dorfgemeinschaften lebten.

118 Hier liegt ein Versehen vor. Arrian (5,20) berichtet, das Gebiet habe 37 Städte mit mindestens jeweils 5000 Einwohnern gehabt.

119 Sotion war Philosoph und Lehrer des Seneca, Potamon war Redner und Redelehrer in Rom (etwa 75 v. Chr. – 15 n. Chr.), Verfasser eines Werkes über Alexander.

120 Die Umkehr erfolgte am Flusse Hyphasis (Bias, heute Ravi). Von dort bis zum Oberlauf des Ganges wären es noch rund 300 km gewesen. Das mächtige Reich im Osten war das Königreich von Magadha. Alexander wollte vermutlich noch den Golf von Bengalen erreichen; er geriet jedoch in die Monsunzeit, deren Auswirkungen seine Truppen endgültig demoralisierten.

121 Der spätere indische König Chandragupta, der nach Alexanders Tod ganz Nordindien zum Mauryareich vereinigte.

122 Die Götteraltäre, die Alexander bauen ließ, sollten an den Argonautenzug erinnern, vgl. Strabon XI 505 f.

123 Die »nackten Weisen«, eine Brahmanenkaste, die großen politischen Einfluß besaß. Ihre Anhänger lebten nackt als Asketen unter freiem Himmel. Der König Sabbas (oder Sambos, vgl. Arr. 6,16; Curt. 9,32) hatte sich Alexander freiwillig unterworfen, fiel aber dann wieder ab. Die Begegnung mit den Weisen ist in Taxila anzusetzen, vgl. Anm. 113. Es ist anzunehmen, daß die Antworten nicht nur brahmanische Denkweise widerspiegeln, sondern von dem überliefernden Kyniker Onesikritos im Sinne seiner philosophischen Richtung gefärbt sind.

124 Westlich der Indusmündung. Die größten Verluste seines Zuges erlitt Alexander jedoch nicht hier, sondern auf dem Marsch durch die Sandwüsten Gedrosiens (Belutschistan, Mekran; vgl. Arr. 6,24). Schuld daran war auch eine Lücke im Versorgungsnetz, die durch den Tod eines Statthalters und einen Aufstand verursacht worden war (Bestrafung eines ungetreuen Statthalters: Kap. 68 Ende). Alexander zog nicht mit dem gesamten Heer durch die Wüste; der größte Teil marschierte mit dem Feldherrn Krateros über den Kan-

daharpaß durch Arachosien (Registan). Alexander hatte den Weg durch die Wüste gewählt, um durch das Ausschachten von Brunnen und die Anlage von Versorgungsdepots das Unternehmen der Flotte zu sichern, die zur gleichen Zeit an der Küste entlang durch den Golf von Oman und den Persischen Golf fuhr. Auch wollte er sein durch den erzwungenen Rückzug angeschlagenes Renommee wieder festigen, indem er ein Unternehmen wagte, das berühmte Herrscherpersönlichkeiten wie Kyros und Semiramis nur mit Mühe und größten Verlusten bewältigt hatten (vgl. Arr. 6,24).

125 Kirman, das persische Küstenland im Norden des Persischen Golfes, oberhalb der Meeresstraße von Hormus. Bei Arrian (6,28) heißt es, es habe sich um eine Nachahmung des mythischen Dionysoszuges gehandelt (vgl. auch Curt. 9,42).

126 Von dort war er ja nach Karmanien aufgebrochen. Er zog jetzt nach Persis. Die verwirrte Geographie und die Erwähnung eines griechischen Theaters in diesen Gegenden haben zu der Vermutung geführt, daß die folgende Bagoas-Geschichte aus einem anderen Zusammenhang stammt, zumal sie auch dem in Kap. 22 Gesagten widerspricht. Man dachte an die alexanderfeindliche Überlieferung der Peripatetikerschule. Vgl. jedoch Hamilton, S. 186.

127 An der Straße von Hormus, wo diese in den Persischen Golf übergeht. Nearchos verfaßte einen Bericht über seine Fahrt, der im Auszug bei Arrian in dessen *Indischer Geschichte* erhalten ist.

128 Gibraltar. Nach einigen Berichten sollte Alexander einen Angriff auf Karthago geplant haben.

129 Am oberen Euphrat gelegen.

130 Artaxerxes III. Ochos, der Vorgänger des Dareios. Die persischen Frauen hatten einst in Pasargadai während einer Rebellion ihre Männer zum tapferen Kämpfen für den König ermuntert.

131 Die Hauptstadt Makedoniens.

132 Als Mitglied einer der zahlreichen Gesandtschaften, die Au-

gustus aufsuchten, als er sich im Winter 20 v. Chr. auf Samos aufhielt.

133 Etwa 10 bis 12 Liter. Wie Chares berichtete, soll das Trinken ungemischten Weines bei den Indern üblich gewesen sein, und Alexander habe die Sitte zu Ehren des Kalanos übernommen. Vielleicht gehörte dies auch zu den »dionysischen Zügen«, die bei Alexander zu Ende seines Lebens immer deutlicher hervortreten.

134 Die Meuterei in Opis 324 v. Chr. zeigt ebenso wie der Tod des Kleitos (vgl. Kap. 50 ff.), wie sich Alexander mit seiner Verschmelzungspolitik, so gut sie auch gemeint war, die Makedonen entfremdete. Plutarch erwähnt nichts von dem Versöhnungsbankett, bei dem Alexander in Form eines Trinkspruchs um Eintracht und gemeinschaftliche Teilnahme an der Herrschaft für Makedonen und Perser gebetet hatte (vgl. Arr. 7,11; Demandt, *Alexander*, S. 372 ff.).

135 Die Kurden, die sich beim Sturz der persischen Macht erhoben hatten und um ihre Unabhängigkeit kämpften. Einigen Berichten zufolge hielten sie wichtige Verbindungswege besetzt, die Alexander freikämpfte.

136 Babylonische Priesterkaste mit magischen und astrologischen Kenntnissen. Sie waren Alexander freundlich gesinnt, und man vermutet, der Mann, der sich auf Alexanders Thron gesetzt habe, sei von ihnen beauftragt worden, um als »Ersatzkönig« das Unheil von ihm abzuwehren, das sie für ihn voraussahen (vgl. die Rolle des »Sündenbocks« im Alten Testament). Die Griechen verstanden diesen Ritus nicht, und so bestärkte der Vorfall nur Alexanders düstere Stimmung.

137 Lücke im Text.

138 Ein Thessalier, der ihm den toten Freund Hephaistion ersetzen sollte. Einige Berichte geben an, Medios habe an diesem Tag das Fest zum Andenken an den Tod des Herakles auf dem Berge Öta (in seiner thessalischen Heimat) begangen. Bei diesem war es Sitte, einen besonders großen Becher, den »Becher des Herakles«, auszutrinken.

139 Alexander starb am 10. Juni 323, im Alter von fast 33 Jahren, vermutlich an Malaria tropica.

140 Sohn des Antipater, Mundschenk bei Alexander, vgl. Kap. 74.

141 Unter Alexander Statthalter in Kleinasien, einer der Diadochen, zeitweise Herrscher über Asien.

142 Ein Wasserfall in Arkadien, dessen Wasser den Styx bildet (vgl. Her. 6,74). Pausanias 8,17,6 ff. berichtet, das Wasser sei todbringend. Er kennt auch die Gerüchte, die es in Zusammenhang mit Alexanders Tod bringen.

143 Die Dareios-Tochter Stateira hatte Alexander in Susa geheiratet (vgl. Kap. 70), ihre Schwester Drypetis war die Witwe des Hephaistion. Roxane wurde 311 v. Chr. mit ihrem nach dem Tode Alexanders geborenen Sohn Alexander IV. in den Diadochenkämpfen von Kassandros umgebracht.

144 Man vermutet hier eine größere Lücke. Der fehlende Text umfaßte wahrscheinlich den Schluß der Alexandervita, die noch das Schicksal von Roxane und Olympias berichtet haben wird, sowie den Anfang der Caesarvita.

Zeittafel zu »Alexander«

359	Philipp II. König von Makedonien
356	Alexander der Große geboren
338	Schlacht von Chaironeia, Korinthischer Bund
336	Philipps Ermordung. Alexander besteigt den Thron und wird von den Griechen zum obersten Bundesfeldherrn gewählt
334	Beginn des Feldzugs gegen das Perserreich
334	Sieg am Granikos über die persischen Satrapen, Befreiung der ionischen Städte, Eroberung Kleinasiens
333	Sieg bei Issos über Dareios III.
332	Eroberung von Tyros, kampflose Einnahme Ägyptens
331	7. April: Gründung von Alexandria. Zug zum Ammonorakel. Sieg bei Gaugamela
330	Einnahme von Persepolis, Ermordung des Dareios durch Bessos, Alexander Herrscher von Asien
330–328/327	Eroberung der ostiranischen Gebiete Hyrkanien, Sogdiana, Baktrien
327–325	Zug nach Indien
326	Sieg am Hydaspes über König Poros
326	Im November Meuterei und Umkehr am Hyphasis
325	Alexanders Fahrt zum Ozean, Rückmarsch durch Gedrosien und Karmanien
324	Massenhochzeit zwischen Makedonen und Perserinnen in Susa. Meuterei bei der Veteranenentlassung und Versöhnungsfest in Opis. Residenz Alexanders in Babylon, Plan einer Umsegelung Arabiens
323	10. Juni: Alexanders Tod in Babylon

Literaturhinweise

Der Übersetzung liegt die Ausgabe von C. Lindskog / K. Ziegler zugrunde: Plutarchi Vitae Parallelae. Stuttgart: Teubner, 1968.

Weitere Ausgaben und Übersetzungen

Plutarch: Vitae parallelae. Hrsg. von K. Ziegler und H. Gärtner. 4 Bde. Leipzig 1994. (Bibliotheca Teubneriana.) [»Alexander et Caesar«: Bd. 4.]

Plutarch: Alexander et Caesar. 2., verb. Aufl. Leipzig 1994.

Plutarch: Große Griechen und Römer. Übers. von K. Ziegler und W. Wuhrmann. 6 Bde. Zürich 1966 / München 1997.

Plutarch: Fünf Doppelbiographien. Griech./Dt. Hrsg. und übers. von K. Ziegler, W. Wuhrmann und M. Fuhrmann. 2 Bde. Düsseldorf [2]2001. [»Alexander und Caesar« in Bd. 1.]

Plutarch: Alexander. A Commentary. Hrsg. von J. R. Hamilton. Oxford 1969.

Antike Quellen und Zeugnisse in Übersetzungen

Zu Alexander

Plutarch: On the Fortune or the Virtue of Alexander (De Alexandri Magni fortuna aut virtute). In: Plutarch: Moralia. Bd. 4. Griech./Engl. Hrsg. und übers. von F. C. Babbitt. Cambridge (Mass.) / London 1992. (Loeb Classical Library.)

Plutarch: Von Alexanders des Großen Glück oder Tapferkeit. In: P.: Moralia. Bd. 1. Neu gesetzt und behutsam rev. nach der Übers. von Nathanael von Osiander und Gustav Schwab, Stuttgart 1828–1861. Hrsg. mit Erl. von Christian Weise und Manuel Vogel. Wiesbaden 2012. S. 571–600.

Arrian: Anabasis of Alexander. Indike. 2 Bde. Griech./Engl.

Hrsg. von P. A. Brunt. London / Cambridge (Mass.) 1983/2000. (Loeb Classical Library.)

Arrian: Der Alexanderzug. Indische Geschichte. Griech./Dt. Übers. u. hrsg. von G. Wirth und O. von Hinüber. München/ Zürich 1985.

Curtius Rufus: Geschichte Alexanders des Großen. Nach der Übers. von J. Siebelis hrsg. von G. Dorminger. München 1961.

Curtius Rufus: Geschichte Alexanders des Großen. Lat./Dt. Hrsg., übers. und komm. von K. Brodersen. Darmstadt 2005.

Curtius Rufus: Historia Alexandri Magni. Geschichte Alexanders des Großen. Lat./Dt. Übers. und hrsg. von F. Olef-Krafft und P. Krafft. Stuttgart 2014. (Reclams Universal-Bibliothek. Nr. 19813.)

Diodorus Siculus: Bibliotheca historica / Library of History. Griech./Engl. Hrsg. und übers. von C.H. Oldfather [u.a.]. Harvard (Mass.) / London 1933 [u.ö.]. (Loeb Classical Library.)

Titus Livius: Alexander der Große – kämpft gegen Rom [9,17–19]. Übers. von K. Brodersen. In: K.B. (Hrsg.): Virtuelle Antike. Wendepunkte der Alten Geschichte. Darmstadt 2000. S. 37–40. – A. Toynbee: Alexander der Große – wird alt. Übers. von K. Brodersen. In: Ebd. S. 43–102.

Leben und Taten Alexanders von Makedonien. Der griechische Alexanderroman. Hrsg. und übers. von H. van Thiel. Berlin 1971 / Darmstadt 1974. [2]1983.

Geschichte im Altertum. Bd. 4: Alexander. Hrsg. von J. Rehork. Hamburg 1964. [Auszüge aus Arrian, Curtius Rufus, Plutarch, Alexanderroman.]

Sekundärliteratur

Zu Plutarch

Barrow, R. H.: Plutarch and his Times. London 1967.

Duff, T.: Plutarch's Lives. Exploring Virtue and Vice. Oxford 1999.

Hammond, N.: Sources for Alexander the Great: An Analysis of Plutarch's Life and Arrian's Anabasis Alexandrou. Cambridge 1993.

Jones, C. P.: Plutarch and Rome. Oxford 1971.

Lamberton, R.: Plutarch. New Haven / London 2002.

Mossman, J. (Hrsg.): Plutarch and his Intellectual World. Essays on Plutarch. London 1997.

Pelling, C. B. R.: Plutarch's Method of Work in the Roman Lives. In: B. Scardigli (Hrsg.): Essays on Plutarch's Lives. Oxford 1995. S. 265–318.

– Plutarch and History. Eighteen Studies. London 2002.

– / Baltes, M. [u. a.]: Plutarchos [2]. In: Der Neue Pauly. Enzyklopädie der Antike. Bd. 9. Stuttgart/Weimar 2000. Sp. 1159–1175.

Russell, D. A.: Plutarch. London 1973. ²2001.

Sallmann, K.: Plutarch. Erzieher Europas. In: Kleine Enzyklopädie der antiken Autoren. Hrsg. von B. Kytzler. Frankfurt a. M. 1996. S. 453–473.

Scardigli, B.: Die Römerbiographien Plutarchs. Ein Forschungsbericht. München 1979.

Scardigli, B. (Hrsg.): Essays on Plutarch's Lives. Oxford 1995.

Sonnabend, H.: Geschichte der antiken Biographie. Stuttgart 2002.

Stadter, P. A.: Plutarch's Historical Methods. Cambridge (Mass.) 1965.

– (Hrsg.): Plutarch and the Historical Tradition. London / New York 1992.

– / Van der Stockt, L. (Hrsg.): Sage and Emperor. Plutarch, Greek Intellectuals and Roman Power in the Time of Trajan (98–117 n. Chr.) Leuven 2002.

Ziegler, K.: Plutarchos von Chaironeia. Stuttgart 1949. [2]1964. [Sonderdruck aus Pauly's Realenzyklopädie der classischen Altertumswissenschaft.]

Zu Alexander

Alexander der Große und die Öffnung der Welt. Asiens Kulturen im Wandel. Ausstellungskatalog Reiss-Engelhorn Museen Mannheim 2009/10. Regensburg 2009.

Die Armee Alexanders des Großen. Antike Welt 2/2013. [Titelthema.]

Badian, E.: Alexander the Great and the University of Mankind. In: G. T. Griffith (Hrsg.): Alexander the Great: The Main Problems. Cambridge 1966. S. 287–306.

– (Hrsg.): Alexandre le Grand. Image et realité. Entretiens sur l'antiquité classique. Bd. 22. Genf 1976. (Fondation Hardt.)

Barceló, P.: Alexander der Große. Darmstadt 2007.

Berve, H.: Das Alexanderreich auf prosopographischer Grundlage. 2 Bde. München 1926. – Reprogr. Nachdr. Hildesheim 1999.

Bosworth, A. B.: Conquest and Empire. The Reign of Alexander the Great. Cambridge 1988.

Demandt, A.: Alexanders Rückkehr nach Babylon. Frühjahr 323 v. Chr. In: Sternstunden der Geschichte. München 2000. [2]2004. S. 27–46.

– Alexander der Große. Leben und Legende. München 2009. [Mit Literaturverzeichnis, S. 603–613.]

Gehrke, H.-J.: Alexander der Große. München 1996. 6., aktual. Aufl. 2013.

Gerhard, R. / Rehm, E. / Schulze, H. (Hrsg.): Alexander der Große. Herrscher der Welt. Begleitbuch zur Alexander-Ausstellung Rosenheim 2013. Mainz 2013.

Green, P.: Alexander der Große. Mensch oder Mythos. [2]1977. – Engl. Orig.-Ausg.: Alexander the Great. London 1970. – Neuausg.: Alexander of Macedon, 356–323 B. C. A Historical Biography. Berkely [u. a.] 2013.

Hammond, N.: Alexander der Große. Feldherr und Staatsmann. München/Berlin 2001.

Heinen, H.: Geschichte des Hellenismus. Von Alexander bis Kleopatra. München 2002.

Heuss, A.: Alexander der Große und die politische Ideologie des Altertums. In: H. Kloft (Hrsg.): Ideologie und Herrschaft in der Antike. Darmstadt 1979. (Wege der Forschung. 528.)

Kraft, K.: Der ›rationale‹ Alexander. Kallmünz 1971.

Lane Fox, R.: Alexander der Große. Eroberer der Welt. München ^{4}1979. Neuausg. Stuttgart 2004.

Lauffer, S.: Alexander der Große. München 1978.

Pearson, L.: The Lost Histories of Alexander the Great. Oxford 1983.

Pfrommer, M.: Alexander der Große. Auf den Spuren eines Mythos. Mainz 2001.

Schachermeyr, F.: Alexander der Große. Das Problem seiner Persönlichkeit und seines Wirkens. Wien 1973.

Seibert, J.: Alexander der Große. Darmstadt 1972. ^{4}1994. (Erträge der Forschung. 10.) [Mit Bibliogr.]

Sheppard, R.: Alexander der Große und seine Feldzüge. Darmstadt 2013.

Will, W.: Alexander der Große. Stuttgart 1986. (Urban Taschenbuch. 370.)

Wirth, G.: Alexander der Große. Reinbek 1973 [u.ö.]. (Rowohlts Monographien. 203.)

– Studien zur Alexandergeschichte. Darmstadt 1985.

Wood, M.: Auf den Spuren Alexanders des Großen. Übers. von U. Blank-Sangmeister unter Mitarb. von H. Biem. 3., durchges. Aufl. Stuttgart 2014.

Nachwort

Alexander der Große ist, wie die erfolgreichen großen Ausstellungen der letzten Zeit beweisen, im allgemeinen Bewusstsein immer noch präsent – wie seit 2300 Jahren. Die Ausstellungen lassen erkennen, dass Alexander die Räume im Osten nicht nur erobert, sondern erschlossen hat. Manche Städte im Vorderen Orient und in Mittelasien erweisen sich als seine Gründungen, an Verkehrswegen angelegt, um Handel und Wandel zu befördern, um die hellenische Kultur zu verbreiten, mit der griechischen Sprache als Lingua franca. Sein früher Tod hat diesen Prozess nicht abgebrochen; er wurde von seinen Nachfolgern weitergeführt. Alexandria mit seiner berühmten Bibliothek, seinem Museion, der Forschungsstätte für die Wissenschaften, ist das bekannteste Beispiel. Und auch die Römer griffen, als sie die Herren der antiken Welt geworden waren, das von Alexander geprägte Modell einer kulturell geeinten Völkergemeinschaft auf.

Der griechische Autor Plutarch (45–120 n. Chr.) reicht durch seinen Geburtsort gewissermaßen noch bis in die Alexanderzeit zurück. Der Name der kleinen Stadt Chaironeia in Böotien blieb verknüpft mit der vernichtenden Niederlage, die die Griechen 338 v. Chr. hier gegen Philipp und Alexander von Makedonien erlitten hatten. Mit den griechischen Stadtstaaten war es vorbei, die Zukunft gehörte dem makedonischen Großreich. Doch es war nun auch vorbei mit den ständigen zermürbenden Kriegen der Griechen untereinander. Die Hellenen konnten sich künftig auf die Pflege und Vermittlung der Paideia, griechischer Kultur, Kunst und Wissenschaft, konzentrieren, die allgemein anerkannt und geschätzt wurde, auch unter den Römern. Seit Ciceros Zeit pflegte ein gebildeter Römer nach Griechenland zu reisen, um die dortigen Philosophen und die Meister der

Redekunst zu hören, und die Gelehrten kamen nach Rom und hielten dort Lesungen und Vorträge. Manche der römischen Kaiser, wie Trajan und Hadrian, waren geradezu Philhellenen und förderten die Verbindung der römischen und der griechischen Kultur. Sozusagen als ein Botschafter dieser Bestrebungen kam Plutarch nach Rom. Er hatte in Athen studiert und sich der Schule der platonischen Akademie angeschlossen, deren undogmatische Art seinem Wesen besonders entsprach. In Rom hielt er Vorträge und gewann sich Freunde, wie einen engen Mitarbeiter Kaiser Trajans, Sosius Senecio, dem er dann seine Biographien widmete. Obwohl er verschiedentlich geehrt wurde, wie mit dem römischen Bürgerrecht, wollte er nicht in Rom bleiben, sondern kehrte nach Chaironeia zurück. Dort hatte er das Amt des Archon eponymos, des höchsten Beamten, inne, auch war er Oberpriester in Delphi und Ehrenbürger von Athen. In seiner Heimatstadt scharte er einen Kreis von wissenschaftlich interessierten, vor allem jungen Leuten um sich, mit denen er in Lehrvorträgen und Diskussionen philosophische Fragen im weitesten Sinne behandelte. Die Frucht dieser Tätigkeit bildete eine umfangreiche Sammlung populärwissenschaftlicher Abhandlungen und Dialoge. Es geht um religiöse, philosophische, politische, pädagogische sowie um naturwissenschaftliche Themen. Man hat dieser Sammlung von etwa 80 erhaltenen Titeln den Namen *Moralia* gegeben, doch sind sie keineswegs Moralepisteln. Freilich sollen sie auch belehren, aber sie erzählen von den *mores,* den Sitten und Eigenarten der Menschen. Sie haben die Form von Essays, gewürzt mit Anekdoten und persönlichen Bemerkungen des Autors, der in seiner Darstellung immer die Mitte und einen sicheren Standpunkt wahrt.

In seinen späteren Jahren entstanden die *Parallelbiographien* (von 23 sind 22 erhalten), in denen jeweils ein berühmter Grieche einem Römer gegenübergestellt wird, der in Leben und Taten Ähnlichkeit aufwies. Diese Form der Parallelbiographie ist Plutarchs eigene Schöpfung und verkörpert sein Bestreben, Griechisches und Römisches zu verbinden, wie er das auch schon in seinen Essays getan hatte, in denen er z.B. griechische und römische Gebräuche beschreibt und erklärt oder die Aussprüche bekannter Griechen und Römer zitiert. Trotz des Philhellenismus weiter Kreise gab es immer noch gegenseitige Vorurteile: Die Griechen sahen auf die Römer herab, als bloße Macht- und Tatmenschen, und die Römer wiederum hielten die Griechen für politisch untüchtig und allzu geschäftig und wortgewandt. Indem Plutarch nun jeweils einen Griechen und einen Römer zusammenspannte und zeigte, dass es bedeutende Feldherrn und Staatsmänner bei Griechen wie bei Römern gegeben hatte, trug er dazu bei, solche Vorbehalte abzubauen.

Als klassisches Paar boten sich Alexander und Caesar an, die sich beide durch *philotimia*, ehrgeiziges Streben nach Macht und Ruhm, auszeichnen. Der Alexanderbiographie gibt Plutarch besondere Bedeutung, indem er in ihrer Einleitung seine literarischen Ziele herausstellt. Er sei nicht Geschichtsschreiber, sondern Biograph, und so wolle er die Ruhmestaten Alexanders nicht sämtlich der Reihe nach ausführlich darstellen, denn es seien durchaus nicht immer die großen Heldentaten, in denen sich ein Charakter offenbart. Oft sagt eine scheinbar unbedeutende Handlung oder ein Ausspruch mehr aus über die betreffende Person, als große Schlachtbeschreibungen. Solche charakteristischen Züge bei Plutarch haben sich jedem Leser eingeprägt: Alexander löst den Gordischen Knoten, und Caesar erklärt, er wolle lieber in einem kleinen Dorf der Erste als in Rom der Zweite sein.

Für seine Alexanderbiographie konnte sich Plutarch auf die Arbeiten von Vorgängern stützen, die freilich nicht alle so zuverlässig waren wie Arrian, dessen *Anabasis Alexanders* noch auf Berichte von Zeitgenossen, wie Ptolemaios, den General Alexanders und späteren Herrscher Ägyptens, zurückgeht. Es hatte sich eine Alexander-Vulgata gebildet, mit romanhaften Zügen, von denen auch die lateinische Alexandergeschichte des Curtius Rufus nicht frei ist. Die Lebenszeit des Autors ist nicht eindeutig festzulegen (wohl 1. Jh. n. Chr.), da sein Werk nicht vollständig erhalten ist; Plutarch hat es wohl nicht gekannt. Er fand allgemein ein Alexanderbild vor, das zwischen Bewunderung und Abneigung schwankte. Während römische Feldherren sich auf Alexanders Spuren ins Mythische erhöhten – wie Pompeius, der bei seinem Triumphzug den angeblichen Mantel des großen Königs trug –, so hatten ihn die Philosophen der peripatetischen und stoischen Schule als Projektionsfigur für das Gegenbild eines Weisen vereinnahmt: Maßlos in seiner Ruhmsucht, hemmungslos in seinen Begierden, war er ein Räuber des Erdkreises, eine Heimsuchung für die Völker. Und er verdankte seine großen Erfolge nicht seiner Tüchtigkeit, sondern nur dem Glück, der Tyche oder Fortuna. Mit dieser weitverbreiteten Ansicht hatte sich Plutarch schon früher auseinandergesetzt: *Von Alexanders des Großen Glück oder Tapferkeit* heißt einer seiner Essays, den man wegen seines schulmäßigen Aufbaus mit Rede und Gegenrede in die Jugendjahre Plutarchs datiert. Plutarch weist nach, dass Alexander keineswegs ein Günstling der Tyche/Fortuna war: So viele schwere Verwundungen hat er davongetragen, sich durch unwegsame Gegenden gekämpft, immer neue Gegner stellten sich ihm entgegen – wo war da das Glück? Seine Tapferkeit, seine Arete, hat ihm seine Erfolge verschafft, doch der Begriff Arete meint gleichzeitig die Tugend, mit der Alexander als Schüler des Philosophen Aristoteles bei den unterworfenen Völkern Städte gründete und ihnen Gesetze gab. Er hat aber Aristoteles noch übertroffen, indem er dessen Scheidung der Menschen in Griechen und Barbaren nicht übernahm, sondern als ein Friedensstifter und Versöhner alle Völker vereinigen wollte, wie in einem Mischkrug, einem Freundschaftspokal. Alexander hat das verwirklicht, wovon die Philosophen nur geredet haben; er ist daher geradezu als der größte Philosoph anzusehen.

In der Vita zeichnet Plutarch seinen Helden etwas moderater, so dass er das Urteil verdient: »Weitgehend vertrauenswürdig ist Plutarch« (Alexander Demandt). Bei bekannten Ereignissen, wie etwa dem Brand von Persepolis (Kap. 38), nennt er auch andere Versionen; beim Tod des Kleitos (Kap. 50 ff.) geht er von einer eskalierenden Szene aus, nicht von einer vorsätzlichen Tötung, und macht dies plausibel durch eine kunstvolle, dramatisch gesteigerte Erzählung. Die Verschmelzungspolitik Alexanders hat bei den Makedonen keine Akzeptanz gefunden, sondern Konfliktpotential geschaffen, das sich, sozusagen als Lagerkoller, bei einem Bankett entlädt.

So sehr Plutarch auch Alexanders positive Eigenschaften anerkennt, seine Geistesgegenwart und Unerschütterlichkeit im Kampf, seine Selbstbeherrschung und Mäßigung sowie seine Großzügigkeit gegenüber seinen Freunden und Feinden, so verschweigt er doch auch die Schattenseiten nicht, wie sie vor allem zu Ende seines Lebens auftraten. Sie sollen aber das Gesamtbild nicht verdunkeln. Plutarch folgt der Maxime, die er zu Anfang der Viten von Kimon und Lucullus formuliert hat und die für sein gesamtes Biographienwerk verbindlich sein soll: Wie die Maler, die die Mängel ihrer Modelle weder allzu sehr hervorheben noch ganz weglassen dürfen, so glaubt auch Plutarch sich verpflichtet, das Gute an jedem genau und der Wahrheit gemäß darzustellen. Die Fehler und Schwächen eines jeden, wie sie entweder aus Leidenschaft oder politischer Notwendigkeit bei den Handlungen mit unterlaufen, will er mehr als ein Zurückbleiben hinter dem

Ideal denn als vorsätzliche Übeltaten ansehen. Sie soll man nicht mit ängstlicher Genauigkeit ausmalen, sondern eine gewisse Schonung gegenüber der menschlichen Natur beweisen, wenn es ihr in ihrer Unzulänglichkeit nicht möglich ist, einen ganz vollkommenen und tadellosen Charakter hervorzubringen. (*Kimon* 2)

Inhalt